KreuzfahrtHandbuch

Pia Thauwald

Hurtigruten: Mit dem Postschiff von Bergen nach Kirkenes

Hurtigruten: Mit dem Postschiff

Alle Informationen, schriftlich und zeichnerisch, wurden nach bestem Wissen zusammengestellt und überprüft. Sie waren korrekt zum Zeitpunkt der Recherche. Eine Garantie für den Inhalt, z.B. die immerwährende Richtigkeit von Preisen, Adressen, Telefon- und Faxnummern sowie Internetadressen, Zeit- und sonstigen Angaben, kann naturgemäß von Verlag und Autor - auch im Sinne der Produkthaftung - nicht übernommen werden.

Die Autorin und der Verlag sind für Lesertipps und Verbesserungen (besonders per E-Mail) unter Angabe der Auflagen- und Seitennummer dankbar.

Dieses OutdoorHandbuch hat 192 Seiten mit 63 farbigen Abbildungen sowie 9 farbigen Kartenskizzen, und einer farbigen, ausklappbaren Übersichtskarte. Es wurde auf chlorfrei gebleichtem Papier gedruckt, in Deutschland klimaneutral hergestellt und transportiert und wegen der größeren Strapazierfähigkeit mit PUR-Kleber gebunden.

klimaneutral
natureOffice.com | DE-077-151104
gedruckt

Dieses Buch ist im Buchhandel und in Outdoor-Läden erhältlich und kann im Internet oder direkt beim Verlag bestellt werden.

Provinz Nordland

KreuzfahrtHandbuch aus der Reihe „Cruise"

ISBN 978-3-86686-717-8 1. Auflage 2016

Dieses OutdoorHandbuch wurde konzipiert und redaktionell erstellt vom Conrad Stein Verlag GmbH, Kiefernstraße 6, 59514 Welver,
☏ 023 84/96 39 12, FAX 023 84/96 39 13,
info@conrad-stein-verlag.de, www.conrad-stein-verlag.de

Werden Sie unser Fan: www.facebook.com/outdoorverlage

Text und Fotos: Pia Thauwald
Karten: Heide Schwinn
Lektorat: Kerstin Becker
Layout: Manuela Dastig

Gesamtherstellung: Werbedruck GmbH Horst Schreckhase

Inhalt

Symbole

i	Information		Homepage
	Telefonnummer		E-Mail-Adresse
FAX	Faxnummer		Öffnungszeiten

Vorwort

„Der Sinn des Reisens besteht darin,
unsere Fantasien durch die Wirklichkeit zu korrigieren.
Statt uns die Welt vorzustellen,
wie sie sein könnte, sehen wir sie,
wie sie wirklich ist.“

Samuel Johnson

Für die einen sind die Hurtigruten die „schönste Seereise der Welt“, für die anderen die wundervollste Art sich Norwegen zu erschließen. Wie auch immer - auf jeden Fall ist es eine einzigartige Auszeit zwischen Müßiggang und Abenteuer, organisiertem Reisen und Individualität. Nirgendwo entschleunigt man schneller und kommt mit allen Sinnen der Natur und der Kultur Norwegens nahe.

Herrliche Landschaft

Anders als auf großen Kreuzfahrtschiffen mit Kapitäns-Dinner, Abendgarderobe, Showprogramm und Entertainment rund um die Uhr stehen hier Entschleunigung und die unverfälschte, faszinierende Schönheit der norwegischen Küste im Vordergrund. Trotz entspannter Tage an Bord eines Postschiffes muss keineswegs auf Komfort verzichtet werden. Die einstigen Frachtschiffe, die als öffentliches Verkehrsmittel ursprünglich Menschen und Waren an den Küsten Norwegens transportierten, haben sich längst auf die zunehmende Zahl der Urlaubsreisenden eingestellt. In einer Art Baukastensystem lassen sich die Passagen sogar ganz individuell gestalten.

Die inzwischen legendären Postschiffe legen entlang der Strecke von Bergen nach Kirkenes in 34 Häfen an und dabei eine Strecke von 1.250 km zurück. Es eröffnet sich dabei eine ständig wechselnde Kulisse, und man bekommt einen Eindruck vom Lebensrhythmus der Küstenbewohner Norwegens. Hier ist der Mensch noch tief mit dem Meer verbunden, das nicht selten auch seine Lebensgrundlage bildet.

Beeindruckende Fjorde, plötzlich herabstürzende Wasserfälle, bizarre Felsen und Gletscher, dichte Wälder, das Polarlicht im Winter oder die Mitternachtssonne im Sommer – immer gibt es etwas zu entdecken, wird man aufs Neue überrascht. Gefesselt von der Magie dieser Naturschauspiele sitzen die Reisenden oft stundenlang auf Deck oder hinter den riesigen Panoramafenstern und staunen. Es herrscht eine angenehme Ruhe an Bord, die oft nur dann unterbrochen wird, wenn das Schiff im Hafen anlegt, um Menschen, Autos und Fracht ein- und auszuladen.

Nie wird man wirklich müde, die sich stetig verändernde Kulisse in sich aufzunehmen. Quirlige Städte, verschlafene Orte, nordische Kultur, Geschichte und eine ganz besondere arktische Landschaft warten darauf, entdeckt zu werden. Die Passage hat zu jeder Jahreszeit ihre eigene Faszination. Besonderen Charme hat sie im Frühling. Dann werden die Tage wieder länger und die Sonne beginnt, im südlich gelegenen Städtchen Bergen bereits das vereiste Land aufzutauen und die Menschen aus dem Winterschlaf zu kitzeln. Während sich hier die ersten Frühlingsboten ein Stelldichein geben, herrscht jenseits des Polarkreises, den Sie mit den dazugehörigen Ritualen überqueren werden, noch eisiger Winter. Mit etwas Glück kann man das Nordlicht sehen oder eine Hundeschlittenfahrt unternehmen.

Täglich gibt es die Möglichkeit von verschiedenen Landgängen und Ausflügen. Sie können beispielsweise bei einem Stadtrundgang durch das charmante Ålesund die „Jugendstil-Schatzkammer" Norwegens kennenlernen, eine Besichtigungstour durch Trondheim unternehmen, ein Mitternachtskonzert in der Eismeerkathedrale von Tromsø besuchen, Trolle im Trollefjord aufspüren, sich am Polarkreis von Neptun taufen lassen, einen Ausflug zum nördlichsten Punkt des europäischen Festlandes, dem Nordkap, unternehmen und die Lofoten kennenlernen.

Fotografen werden begeistert sein, wenn sich die Natur der wundervollsten Farbpaletten bedient, sich Küste und Berge in Farben von purpurrot über zartlila bis türkis einfärben. Getoppt wird alles noch durch wundervolle Spiegelungen auf der blanken Oberfläche der ruhigen See. – Schnell füllen sich in solchen Augenblicken die Speicherkarten der Kameras. Wer kann da schon widerstehen?

Die einwöchige Route von Bergen nach Kirkenes ist besonders für „Hurtigruteneinsteiger" oder Menschen mit geringem Zeitbudget zu empfehlen. Schon nach kurzer Zeit gelingt es, in der nonchalanten Atmosphäre an Bord den Alltag weit hinter sich zu lassen und Entspannung in der „Wunderwelt" des Nordens mit ihren Schären, Fjorden, charmanten Städten, kleinen und großen Häfen zu finden.

Dieser handliche Reiseführer soll Ihnen ein praktischer und unterhaltsamer Begleiter bei Ihrer Hurtigruten-Reise sein. Er ist bei der Vorbereitung der Reise ebenso hilfreich wie auch später als Lektüre an Bord. Nach einem erlebnisreichen Tag können Sie noch ein wenig entspannen und das Gesehene Revue passieren lassen. In Erwartung eines kitschig-schönen Sonnenuntergangs wird dieser ruhige Moment gern genutzt, um etwas zu schmökern und sich mit Informationen über den nächsten Zielort auszustatten.

Die an Bord erhältlichen Tagesinformationen sind wichtig, in der Regel aber hauptsächlich organisatorischer Art und geben grundsätzlich nur einen sehr komprimierten Eindruck der nächsten Zielpunkte wieder. Detaillierte und praktische Tipps zum individuellen Landgang sind in der Regel nicht vorhanden. Gern wird auf die von der Reiseleitung angebotenen – meistens nicht billigen – Landausflüge gesetzt. Diese Lücke versucht der vorliegende Reiseführer mit vertiefenden Hintergrundinformationen und Details zu Land und Leuten zu schließen. Damit haben Sie das Rüstzeug, während des sehr kurzen Aufenthaltes an Land nicht den Überblick zu verlieren und sich schnell zu orientieren. Gleichzeitig lernen Sie etwas über die kulturellen, historischen und politischen Eigenheiten Norwegens kennen.

Ihre Reisekasse wird spürbar entlastet, wenn Sie sich bei der Wahl der zu buchenden Ausflüge nur auf jene beschränken, die Sie selbst nicht organisieren können. So lassen sich die „bescheidenen“ Kosten für diesen Reiseführer schnell amortisieren. Beim „ersten Anlauf“ sollten keine weiteren Reiseführer benötigt werden. Natürlich gibt es zum Thema „Hurtigruten“ eine Fülle interessanter Lektüre, aber Ihre Kabine ist nun mal nicht riesig und die Zeit zum Lesen begrenzt.

Praktische Tipps für die Reise und für das Leben an Bord helfen, sich schnell zu organisieren und die Reise entspannt zu genießen.

Sicher wäre es möglich gewesen, mehr Tipps zu den einzelnen Orten entlang der Strecke zu geben, aber ich habe hier bewusst vieles weggelassen, was in der Kürze der Zeit ohnehin nicht relevant oder zu schaffen ist.

In diesem Sinne: Schiff ahoi und immer eine Handvoll Wasser unterm Kiel!

Pia Thauwald

Land und Leute

Leuchtturm

„Die Welt hat genug für jedermanns Bedürfnisse,
aber nicht für jedermanns Gier.“

Norwegisches Sprichwort

Norwegen im Überblick

Bevölkerung

Nach offiziellen Angaben hat Norwegen 5.109.056 Einwohner (Stand 2014). Neben der samischen Urbevölkerung, den Sami (offiziell sind 55.650 erfasst), gibt es noch fünf nationale Minderheiten: Kvenen, Juden, norwegische und walachische Roma und Waldfinnen. Seit 1995 gibt es ein leichtes Bevölkerungswachstum von 1,1 %.

Beliebte Vornamen in Norwegen sind bei den Mädchen: Emma, Sarah, Sophie und Ingrid; bei den Jungen: Phillip, William, Lukas und Mathias.

Bekannte Persönlichkeiten Norwegens:

▷ **Roald Amundsen** (16.07.1872 in Borge - vermutlich 18. Juni 1928)
Seemann und Polarforscher; erfolgreichster Entdeckungsreisender in Arktis und Antarktis, erreichte als erster Mensch am 14.12.1911 den geografischen Südpol vor seinem Konkurrenten Scott

▷ **Ole Einar Björndalen** (geb. 27.01.1974 in Drammen)
Biathlet, erfolgreichster Wintersport-Athlet und lebende Legende; zwölf olympischen Medaillen (1998–2014, darunter 8-mal Gold) und 39 WM-Medaillen (1997–2012, darunter 19-mal Gold)

▷ **Edvard Grieg** (geb. 15.06.1843 in Bergen - 04.09.1907 in Bergen)
bedeutender Komponist und Pianist der Romantik, Werke u. a. Peer-Gynt-Suiten mit „Morgenstimmung“ und „In der Halle des Bergkönigs“, Musikstudium am Konservatorium in Leipzig

▷ **Knut Hamsun** (04.08.1859 in Lom - 19.02.1952 in Nørholm)
Schriftsteller, Werke u. a. „Hunger“, „Mysterien“, „Pan“, „Der Ring schließt sich“; Nobelpreis für Literatur 1920 für sein Monumentalwerk „Segen der Erde‘“

„Ach, die Liebe lässt das Menschenherz zum Pilzgarten werden, einem üppigen und unverschämten Garten, in dem geheimnisvolle und freche Pilze stehen“

Knut Hamsun (in „Victoria“)

▷ **Morten Harket** (geb. 14.09. 1959 in Kongsberg)
Musiker, Komponist, Sänger und Frontmann der Popgruppe „a-ha“ (1982–2010, u. a. „Take on Me“, „The Sun Always Shines on T.V.“, „Foot of the Mountain“ 2009)

▷ **Thor Heyerdahl** (06.10.1914 in Larvik - 18.04.2002 in Colla Micheri)
Archäologe, Ethnologe, Umweltaktivist und Abenteurer, wurde weltweit durch seine Kon-Tiki-Expedition auf einem Floß aus Balsaholz bekannt; er bewies die Möglichkeit der Besiedlung Polynesiens durch Indianer Südamerikas

Roald Amundsen

▷ **Henrik Ibsen** (20.03.1828 in Skien - 23.05.1906 in Kristiania)
Schriftsteller und Dramatiker, Werke u. a. „Peer Gynt“, „Nora oder Ein Puppenheim“, „Die Frau vom Meer“ und „Gespenster“ (1881), „freiwilliges Exil“ in Italien und Deutschland

„Die meisten Leute sterben,
ohne je gelebt zu haben.
Zum Glück bemerken sie es nicht.“

Henrik Ibsen

▷ **Anni-Frid Lyngstad** (geb. 15.11.1945 in Bjørkåsen)
schwedische Sängerin mit norwegisch-deutschen Wurzeln, ehemaliges Mitglied der Popgruppe „ABBA“ (1972–1982)

▷ **Mette-Marit von Norwegen** (geb. 19.08.1973 in Kristiansand)
Kronprinzessin an der Seite des Thronfolgers Haakon von Norwegen, bürgerliche Herkunft; engagiert sich gegen Aids in Entwicklungsländern

▷ **Edvard Munch** (12.12.1863 in Løten – 23.01.1944 auf Ekely)
bedeutender Maler und Grafiker des Symbolismus sowie Wegbereiter des Expressionismus u. a. „Der Schrei“, „Das Kind und der Tod“; Diffamierung seiner Arbeiten durch die Nationalsozialisten als „entartete Kunst“

▷ **Wencke Myhre** (geb. 15.02.1947 in Oslo-Kjelsås)
erfolgreiche Schauspielerin mit Hits in mehreren Sprachen, in Deutschland z. B. „Lass mein Knie Joe“, „Eine Mark für Charlie“, „Ein Sonntag im Bett“, „Er hat ein knallrotes Gummiboot“

▷ **Fridtjof Nansen** (10.10.1861 in Store Frøen - 13.05.1930 in Lysaker)
Zoologe, Diplomat, Polarforscher und Entdecker; Friedensnobelpreis 1922 für sein Engagement um die internationale Flüchtlingshilfe

▷ **Haakon von Norwegen** (geb. 20.07.1973 in Oslo)
Kronprinz und Thronfolger aus dem Hause Schleswig-Holstein-Sonderburg-Glücksburg; verheiratet mit Mette-Marit von Norwegen; studierte Politikwissenschaften

▷ **Liv Ullmann** (geb. 16.12.1938 in Tokio)
Schauspielerin und Regisseurin, zeitweilig Lebensgefährtin von Ingmar Bergman; bekannte Filme „Die Brücke von Arnheim", „Herbstsonate", „Szenen einer Ehe", „Von Angesicht zu Angesicht"

„Ich verstehe nicht,
warum so viele Frauen darunter leiden,
dass sie schon wieder ein Jahr älter geworden sind.
Nicht mehr ein Jahr älter zu werden,
das wäre eine Katastrophe."

Liv Ullmann

Chronologische Zeittafel der norwegischen Geschichte

800-1050	Wikingerzeit; Handel, Eroberungen und Entdeckungsreisen auf Langschiffen; letzte Welle der germanischen Völkerwanderung und Beginn der historischen Geschichtsschreibung Norwegens
872	Vereinigung Norwegens unter Harald Hårfagr zu einem Reich
9.-11. Jh.	Zahlreiche Kriegs- und Handelszüge in europäische Länder (Wikingerzüge)
984	Besiedelung Grönlands (Erik der Rote)
um 1000	norwegische Normannen unter Leif Eriksson entdecken Amerika (Labrador) und landen an der Küste Nordamerikas (lange Zeit wurde Christoph Kolumbus fälschlicherweise die Entdeckung Amerikas zugeschrieben)
995	Christianisierung des Landes unter Olav Tryggvason; dieser fällt 1000 in der Schlacht bei Svolder
1030	der als Olav der Heilige verehrte Olav Haraldsson fällt in der Schlacht bei Stiklestad
1100-1200	Abschaffung der Sklaverei
1130	die Bevölkerung wächst stetig an; Kirche und Krone festigen ihre Macht; Beginn des Hochmittelalters
13. Jh.	Oslo wird unter König Hakon V. zur Hauptstadt
1319-1371	Personalunion mit Schweden, wirtschaftlicher Verfall und Verlust der politischen Eigenständigkeit

1347-1353 die große europäische Pestwelle, der Schwarze Tod, fordert eine gigantische Anzahl von Todesopfern, ein Drittel der Bevölkerung Norwegens stirbt an der Pest, die über Bergen mit dem Schiff nach Norwegen gelangte

1380 Olav II. von Dänemark wird als Erbkönig von Norwegen anerkannt; Union Norwegens mit Dänemark

1397-1523 Kalmarer Union: Vereinigung der Königreiche Dänemark, Norwegen und Schweden

1536 Norwegen besteht als unabhängiges Königreich nicht mehr; Union mit Dänemark durch königliche Eheschließung; Reformation

1814 Kieler Frieden; Christian Frederik wird in Folge der Machtneuordnung Europas nach der Völkerschlacht von Leipzig norwegischer König

17.5.1814 auf Grundlage der amerikanischen Unabhängigkeitserklärung wird die norwegische Verfassung eingeführt; heute wird der 17. Mai in Norwegen als Nationalfeiertag begangen

Okt. 1814 Union mit Schweden

ab 1830 wirtschaftlicher Aufschwung

1854 erste Eisenbahnlinie

1905 Auflösung der Union mit Schweden; Volksabstimmung zu einer Staatsform als konstitutionelle Erbmonarchie; der dänische Prinz Carl wird als Haakon VII. zum norwegischen König gekrönt; Norwegen wird unabhängig

1913 allgemeines Wahlrecht für Frauen

1914-18 Neutralität Norwegens im 1. Weltkrieg

1920 Beitritt zur League of Nations

1920 Spitzbergen wird Norwegen vom Völkerbund zugesprochen

1925 der Name der Hauptstadt Kristiania (seit 1624) ändert sich in Oslo

1933 Norwegen muss zugunsten Dänemarks seine Ansprüche auf Grönland aufgeben

1929 die Weltwirtschaftskrise sorgt u. a. für hohe Arbeitslosigkeit

1939 Neutralitätserklärung zu Beginn des 2. Weltkriegs

9.4.1940 Deutsche Truppen besetzen Norwegen; Regierungsexil unter König Haakon in London; Vidkun Abraham Quisling ernennt sich selbst zum Regierungsoberhaupt

1945	Hinrichtung Quislings und weiterer 23 Norweger wegen Hoch- und Landesverrats
1945	Norwegen ist Gründungsmitglied der UN
1949	Beitritt zur NATO
1952	VI. Olympische Winterspiele in Oslo
1957	Haakon VII. stirbt; Olav V. wird zum König gekrönt
1959	Norwegen ist Gründungsmitglied der EFTA (Europäische Freihandelsassoziation)
ab 1960	riesige Öl- und Erdgasfunde vor der Küste Norwegens, Beginn des Ölzeitalters; Aufbau eines Wohlfahrtstaates und Aufschwung zu einem der reichsten Länder weltweit
1972	per Volksabstimmung lehnen die norwegischen Wähler einen Beitritt zur Europäischen Wirtschaftsgemeinschaft ab
1973	freies Handelsabkommen mit der Europäischen Wirtschaftsgemeinschaft
1991	Olav V. stirbt; Harald V. wird zum König gekrönt
1993	trotz internationalen Moratoriums betreibt Norwegen weiter Walfang
1994	XVII. Olympische Winterspiele in Lillehammer
1994	per Volksabstimmung lehnen die norwegischen Wähler erneut einen Beitritt zur EU (Europäische Union) ab
1995	hinter Saudi-Arabien ist Norwegen inzwischen zweitgrößter Erdölexporteur
2005	Feierlichkeiten zur 100-jährigen Unabhängigkeit
2007	die Finanzkrise erreicht auch Norwegen
2008	die älteste Sprungschanze der Welt, der Holmenkollen, wird abgerissen; Eröffnung des neuen Opernhauses in Oslo nach fünfjähriger Bauzeit
2010	Eröffnung der neuen Holmenkollen-Skisprunganlage
2011	Amoklauf von Anders Behring Breivik auf das Osloer Regierungsviertel und anschließend auf Utøya; bei der schwersten norwegischen Katastrophe nach dem 2. Weltkrieg sterben 77 Menschen
2013	Minderheitskoalition unter Erna Solber
2016	seit Januar ist die Frauenquote (auch „Quotilde“ genannt) Gesetz

Geografie

Das Staatsgebiet Norwegens nimmt den westlichen Teil und damit etwa die Hälfte der skandinavischen Halbinsel ein. Das Königreich Norwegen hat eine Fläche von 385.186 km² und ist damit das fünftgrößte Land Europas. Es erstreckt sich zwischen dem 57. und 71. Grad nördlicher Breite und dem 4. und 31. Grad östlicher Länge.

Die Inselgruppe Svalbard (mit Spitzbergen und der Băreninsel) im Nordatlantik macht 62.700 km² und die Insel Jan Mayen im Nordpolarmeer 380 km² des gesamten Territoriums Norwegens aus.

Das Königreich hat zu Schweden eine 1.619 km lange Grenze, zu Finnland 736 km und zu Russland 196 km. Es grenzt des Weiteren an den Skagerrak und an den Atlantik. Die Nord-Süd-Ausdehnung beträgt ca. 1.752 km; die West-Ost-Ausdehnung ist an der breitesten Stelle 430 km und (nördlich von Narvik) an der schmalsten Stelle etwa 6 km breit. Die Landesgrenzen haben eine Gesamtlänge von 25.300 km. Die Küstenlinie ist 21.925 km lang, davon das Festland mit 3.419 km, die Fjordküsten (inkl. kleinerer Inseln) mit 16.093 km, größere Inseln mit 2.413 km.

Der größte Binnensee ist der Mjøsa mit 362 km² und der längste Fluss ist die Glomma mit einer Länge von 600 km; sie mündet in den Oslofjord. Ein dichtes Netz an Flüssen, darunter die wasserreichen Bergflüsse, sind wichtig für die Stromerzeugung.

Vor 500-400 Mio. Jahren stießen die Eurasische und die Nordamerikanische Kontinentalplatte zusammen, wobei Tiefengestein emporgehoben und gefaltet wurde. Es ist Teil der heutigen Felsmassive des Landes. Sie bestehen weitgehend aus Gneis und Granit. Vor ca. 500.000 Jahren sanken die Temperaturen bei gleichzeitigem Anstieg von Niederschlägen, was zur Bildung einer riesigen Eisschicht führte.

Das norwegische Festland besteht hauptsächlich aus Gebirgsketten und Hochebenen, den Fjells. Beinahe die ganze Fläche wird von den Skanden (Skandinavisches Gebirge) eingenommen. Im Gebirge Jotunheimen findet man die höchsten Gipfel Norwegens. Mit einer Höhe von 2.469 m ragt der Galdhøpiggen deutlich heraus und ist damit der höchste Berg des Landes. Insgesamt gibt es 26 Berge, die höher als 2.330 m sind.

Der Jostedalsbreen ist mit einer Fläche von 487 km² der größte Festlandsgletscher in ganz Europa. Insgesamt hat Norwegen 1.627 Gletscher sowie 2.113

Teilgletscher, deren Gesamtfläche 2.609 km² umfassen. Die größte bewohnte Insel des Landes ist Hinnøya (östliche Lofoten) mit einer Fläche von 2.200 km², es folgen die Inseln Senja mit 1.590 km² und Langøya mit 860 km².

Das Wort **Fjord** hat seinen Ursprung im altnordischen Begriff fjǫrðr und zählt zu den wenigen norwegischen Wörtern, die in andere europäische Sprachen aufgenommen wurden.

Ein Fjord bezeichnet einen langen, schmalen Meeresarm, der dreiseitig von Festland umringt wird und tief ins Land hineinreicht. An der Mündung zum Meer besteht in der Regel eine Fjordschwelle (auch Untiefe). Durch die flache Fjordmündung gibt es hier einen schwächeren Wellengang als im offenen Meer. Somit eignen sich Fjorde bestens als Liege- und Ankerplatz für den Schiffsverkehr.

Der längste Fjord ist der Sognefjord mit einer Länge von 204 km. Weitere große Fjorde sind der Hardangerfjord und der Trondheimfjord mit 170 km bzw. 130 km.

Zu Norwegen gehören ca. 150.000 Inseln. Bekannteste Inselgruppen sind die Lofoten und die Versterålen.

Das zu Norwegen zählende „Hauptland" wird als „hovedland" bezeichnet. Die unter norwegischer Verwaltung stehende Bouvet-Insel im Südatlantik hingegen wird als „biland" („Nebenland") bezeichnet und gilt nicht als Teil Norwegens.

Die Peter-I.-Insel (norwegisch: Peter I Øy) im Südpolarmeer und das Königin-Maud-Land (norwegisch: Dronning Maud Land) in der Antarktis werden zwar von Norwegen als „biland" beansprucht, sind aber nicht international als deren Hoheitsgebiet anerkannt.

Die **Bouvet-Insel** liegt im Südatlantik und ist eine Vulkaninsel. Sie ist 9 Kilometer lang, max. 7,5 km breit und besteht zu 92 % aus Gletschern. Bouvetøya zählt zu den am schwersten erreichbaren und folglich auch einsamsten Inseln der Erde. Hier leben keine Menschen, nur Pinguine, Seevögel und Robben. Es gibt nur eine einzige Bucht mit einem Ankergrund von 20 m, in der Schiffe anlegen können. Dieses Unterfangen ist sehr schwierig und klappt nur bei Ostwind.

Riesige Wälder nehmen mehr als ein Viertel der Fläche des Königreichs ein. Hier leben noch Wölfe, Bären, Luchse, Nerze, Elche, Füchse und Rehe; im Süden gibt es in Freiheit lebende Rentiere, Moschusochsen, Rot- und Rehwild. Die lange

Küste mit zahlreichen Kliffs und Vogelfelsen ist die Heimat von über 200 Seevogelarten wie Trottellummen, Raubmöwen, Strandläufer, Papageitauchern, Sturmvögeln und vielen Entenarten. In diversen Fjorden gibt es noch Seehundpopulationen. Norwegen ist zudem reich an Meeresfischen wie Heilbutt, Makrele, Kabeljau, Dorsch und Hering sowie Süßwasserfischen wie Barsch, Karpfen, Hecht, Forelle und Lachs.

Der Norden des Landes ist eine baumlose Tundra mit karger Vegetation, die hauptsächlich aus Flechten, Moos und Zwergsträuchern besteht. In der Küstenregion und in den Tälern Zentral- und Ostnorwegens wachsen vorrangig Nadelbäume wie Fichten, Tannen und Kiefern; in den Küstenregionen des Südens sind dagegen die Laubbäume wie Ulmen, Linden, Ahorn, Eschen und Eichen beheimatet.

Die größten Städte Norwegens (nach Einwohnern) sind:

1. Oslo (634.500),
2. Bergen (248.000),
3. Trondheim (165.000),
4. Stavanger (131.400),
5. Kristiansand (86.700),
6. Tromsø (72.200),
7. Drammen (66.800),
8. Hamar (29.600),
9. Lillehammer (27.100),
10. Narvik (18.700),
11. Mo i Rana (18.200),
12. Hammerfest (10.300)

Hauptstadt

Die Hauptstadt Oslo hat 634.500 Einwohner; im gesamten Einzugsgebiet leben etwa 1,5 Mio. Menschen.

Klima

Im Inneren des Landes herrscht kontinentales und Hochgebirgsklima. Im Norden ist es subarktisch. Entlang der Küsten hingegen wird das Klima vom warmen Golfstrom beeinflusst, daher gibt es hier deutlich milderes Klima, wobei sich das Wetter jederzeit ändern kann.

Im Süden liegen die Sommertemperaturen zwischen 15 °C und 30 °C, im Norden dagegen zwischen 10 °C bis 25 °C. Durch den Golfstrom bleiben die Küsten im Winter eisfrei. Bei Temperaturen von 2 °C bis –10 °C und einer trockenen Kälte ist es auch im Winter recht angenehm.

Eisfreie Küsten im Winter

Die Lage innerhalb des nördlichen Polarkreises sorgt dafür, dass in fast einem Drittel Norwegens die Sonne im Sommer nicht untergeht und es im Winter nie richtig hell wird.

Königshaus

Die Geschichte des norwegischen Königtums begann vor mehr als 1.000 Jahren. Als Reichsgründer und erster bekannter König ging Harald I. Hårfagre (Schönhaar) in die Geschichte ein. Er lebte ca. 865 bis 933 und vereinigte mehrere kriegerische Wikingerstämme zu einem Königreich. Von 872 bis zur Regentschaft von Hakon V. Magnusson (1299-1319) regierten 34 Monarchen. Trotz schwerer Rückschläge infolge von Kriegen und Epidemien unternahmen die norwegischen Könige bis ins 13. Jahrhundert hinein alles, um ihr Reich auszubauen und zu festigen. 1319 wurde Oslo Hauptstadt von Norwegen.

Von 1319 bis 1397 verband Norwegen eine Personalunion mit Schweden. 1397-1450 ging Norwegen eine Verbindung mit Dänemark und Schweden ein (Kalmarer Union). 1450 – 1814 kam es zu einer Union mit Dänemark. Norwegen wurde von einem dänischen Statthalter verwaltet. Ab 1814 – 1905 kam es erneut zu einer Union mit Schweden. Während dieser Zeit konnte sich kein eigenständiger norwegischer Staat entwickeln. Ausländische Herrscher (Dynastie der Oldenburger, der von Holstein-Gottorp, der von Bernadotte u. a.) übernahmen die Regentschaft in Norwegen.

Erst mit der Loslösung von Schweden 1905 wurde Norwegen eigenständig und entschied sich für die Monarchie als Staatsform. Am 18. November 1905 wurde Prinz Carl von Dänemark aus dem Hause Glücksburg als Haakon VII. von Norwegen zum neuen König gewählt. Prinz Carl war mit der britischen Prinzessin Maud verheiratet. Beide hatten einen Sohn, der die Erbfolge sicherstellte. Somit war man sich außenpolitisch der Unterstützung Englands sicher. Für die Norweger selbst war es wichtig, dass sich die Ahnentafel des Prinzen bis zum Wikinger Harald I. (Schönhaar) zurückverfolgen ließ. Damit hatte das norwegische Volk nach fast 600 Jahren wieder einen eigenen König. Noch heute stellt das Haus Glücksburg die norwegische Monarchie.

Residenz des Königs ist das Königliche Schloss Oslo von 1849. Es befindet sich in Staatsbesitz und ist dem König zur Nutzung übergeben. Hier hat das Königspaar, König Harald und Königin Sonja, eine Wohnung. Das Schloss dient außerdem als repräsentatives Gästehaus des Landes. Hier finden Empfänge, Staatsbankette, Audienzen und Staatsratssitzungen statt. Die Kronprinzenfamilie wohnt auf Gut Skaugum, das sich in königlichem Privatbesitz befindet.

Laut norwegischer Verfassung liegt die ausübende Gewalt beim König. Tatsächlich erledigt er nur repräsentative und zeremonielle Aufgaben, vergleichbar mit dem Bundespräsidenten in Deutschland. Dazu gehören: Staatsbesuche, Empfang von Botschaftern, Einweihen von Gebäuden und Museen, Berufen von Ministern, Bestätigen von Gesetzesvorlagen, Vorsitz im Staatsrat, Beteiligung bei der Wahl eines neuen Ministerpräsidenten, Audienzen u. v. a.

Zur königlichen Familie (Königshaus) gehören:

▷ **Harald V.**, König von Norwegen (geb. 21.02.1937)

▷ **Sonja**, Königin von Norwegen (geb. 04.07.1937)

▷ **Haakon**, Kronprinz von Norwegen (geb. 20.07.1973)

▷ **Mette-Marit**, Kronprinzessin von Norwegen (geb. 19.08.1973)

▷ **Ingrid Alexandra**, Prinzessin von Norwegen (geb. 21.01.2004), Position zwei der Thronfolge

▷ **Sverre Magnus**, Prinz von Norwegen (geb. 03.12.2005), Position drei der Thronfolge

▷ **Prinzessin Märtha Louise**, Position vier der Thronfolge; durch die Hochzeit mit dem bürgerlichen Schriftsteller Ari Behn, mit dem sie drei Kinder, Maud Angelica, Leah Isadora und Emma Tallulah Behn, hat, verlor sie den Titel „Königliche Hoheit"

Marius Borg Høiby (geb. 13.01.1997) ist der älteste Sohn der norwegischen Kronprinzessin Mette-Marit und Morten Borg. Er lebt mit seinen Halbgeschwistern, seiner Mutter und Stiefvater Kronprinz Haakon zusammen. Er wurde nicht von Haakon adoptiert und ist somit auch kein Mitglied der norwegischen Königsfamilie.

Ein modernes Märchen: Bürgerliche Rebellin wird Prinzessin und gründet mit ihrem Traumprinzen eine Patchworkfamilie

Als Kronprinz Haakon im Jahr 2000 seine Verlobung mit der blonden, schüchternen Mette-Marit Tjessem Høiby verkündete, löste das beim Volk eine Welle der Empörung aus. Eine Bürgerliche mit unehelichem Kind und wilder Partyvergangenheit samt Drogen; nichts, auch nicht die Volksabstimmung zum Beitritt Norwegens zur Europäischen Union, setzte das Volk derart in Aufruhr wie die anstehende Hochzeit des Kronprinzen. Doch das Land hatte die Rechnung ohne Haakon gemacht. Dem Thronfolger, der die ehemalige Kellnerin 1998 auf einem Musikfestival in Kristiansand kennengelernt hatte, war ihre Vergangenheit egal. Er liebte Mette-Marit und ihren Sohn Marius und war fest entschlossen, sie zu seiner Königin zu machen. „Wir verliebten uns und wollten den Rest unseres Lebens teilen", sagte Haakon. Auch seine Eltern, König Harald und Königin Sonja, schlossen Mette-Marit in ihr Herz.

Doch dem Volk blieb sie weiterhin ein Dorn im Auge. Kurz vor der Hochzeit ging sie vor hundert geladenen Journalisten in die Offensive, bekannte sich zu ihrer Vergangenheit und bat um Verzeihung. Unter Tränen sagte sie: „Es war für mich in dieser Zeit wichtig, die Grenzen des Akzeptierten zu überschreiten. Ich habe sehr ausschweifend gelebt. Ich kann leider das Leben nicht noch mal von vorn anfangen und habe meine Erfahrungen teuer bezahlt. Ich distanziere mich von Drogen".

Langsam tauten auch die Norweger auf. Auf der Hochzeit am 25. August 2001 sagte König Harald: „Du bist keine gewöhnliche junge Frau, sondern du bist ein außergewöhnlicher Mensch. Du bist außergewöhnlich aufgeschlossen und ehrlich, außergewöhnlich engagiert, du hast eine große Willensstärke, du bist sehr mutig, heute hast du eine außergewöhnliche Wahl getroffen, und du bist außergewöhnlich verliebt in Haakon." Auch Prinz Haakon sagte bewegt: „Ich war noch nie so schwach und noch nie so stark. Mette-Marit, ich liebe dich!"

Kultur

Kunst und Kultur werden in Norwegen engagiert mit öffentlichen Geldern unterstützt und gefördert. Es bedarf dabei einiger Mühe, auch den Menschen der wenig besiedelten Gebiete regelmäßig kulturelle Angebote zu machen.

Abstrakte Felsmalereien aus der Stein- und Bronzezeit zählen zu den ersten Kunstwerken Norwegens. Sie entstanden zumeist in Verbindung mit Bräuchen und Riten, die darauf ausgerichtet waren die Fruchtbarkeit zu steigern, und die Fischer auf See zu beschützen.

Im 19. Jahrhundert begann das „Goldene Zeitalter" Norwegens sowohl in der Kunst als auch in Musik und Literatur. Davor hatte das Land keine bedeutenden Künstler hervorgebracht. Selbst die heimischen Kirchen wurden von ausländischen Künstlern gestaltet. Zwei Deutschen, dem Maler Peter Reimers (1570-1628) und seinem aus Schlesien stammenden Schüler Gottfried Hendtzschel (vor 1620-ca.1650), sind viele bedeutende Altarbilder besonders im Westen Norwegens zu verdanken.

Im 18. Jahrhundert gab es in Norwegen keine einzige Kunstakademie und so mussten die angehenden Künstler ihr Handwerk im Ausland lernen. Selbst der Landschaftsmaler der Romantik, Johann Christian Clausen Dahl (1788-1857), der als Vater der norwegischen Malerei bezeichnet wird, verbrachte die meiste Zeit seines Lebens in Dresden, wo er 1824 Professor der Kunstakademie wurde.

Nicht zuletzt auch durch die beiden Landschaftsmaler Adolf Tidemand (1814-1876) und Hans Fredrik Gude (1825-1903) etablierten sich immer mehr bedeutende Künstler in Norwegen. Sie alle begründeten das „Jahrhundert der Volksromantik".

Bis heute bekanntester Protagonist ist der Maler und Grafiker Edvard Munch (1863-1944). Er gilt als Pionier des Expressionismus in der modernen Malerei.

„Malen ist für mich eine Krankheit, ein Rausch.
Eine Krankheit, die ich nicht loswerden will,
ein Rausch, den ich brauche."

Edvard Munch

Edvard Munch, Sohn eines Militärarztes, der fünfjährig bereits seine Mutter verlor, litt unter einer manisch-depressiven Erkrankung. Seine ältere Schwester Sophie starb an Schwindsucht, seine jüngere Schwester Laura litt unter Depressionen und auch sein Bruder Andreas starb kurz nach seiner Hochzeit. Zu diesen prägenden Erlebnissen kehrte er später in seiner Kunst immer wieder zurück. Nicht selten malte er auch einfach nur „sein Leben", das von Höhenflügen und Abstürzen infolge seiner bipolaren Störung geprägt war. Unter seinen mehr als 1.700 Gemälden sind Bilder wie „Das kranke Kind" (1885), „Melancholie" (1894), „Verzweiflung" (1892) und „Der Schrei" (1893). Letzteres ist keineswegs nur bei Kunstliebhabern bekannt. Nicht den Eindrücken des Auges, sondern denen der Seele galt sein hauptsächliches Interesse.

Der vermutlich bedeutendste Bildhauer Norwegens ist Gustav Vigeland (1869-1943). 1902 entwarf er die Friedensnobelpreismedaille.

Erste bekannte norwegische Schriftsteller waren im 19. Jahrhundert, dem „Goldenen Zeitalter", der Dramatiker Henrik Ibsen („Peer Gynt", „Nora oder ein Puppenheim"), der Autor Alexander Kielland („Jacob"), der Schriftsteller Jonas Lie („Wenn die Sonne untergeht") sowie der Dichter und Politiker Bjørnstjerne Bjørnson („Sigurd Slembe", „Sigurd Jorsalfar"). Sie werden auch die „Großen Vier" genannt.

Später erhielten drei Norweger den Literaturnobelpreis: Bjørnstjerne Bjørnson (1903), Knut Hamsun („Segen der Erde") 1920 und Sigrid Undset 1928.

Dem Archäologen, Umweltaktivisten und Anthropologen Thor Heyerdahl gelang 1950 mit „Kon-Tiki" ein Bestseller, der in 70 Sprachen übersetzt und millionenfach verkauft wurde.

„Nehmen sie einem Durchschnittsmenschen die Lebenslüge,
und sie nehmen ihm zugleich das Glück."

Henrik Ibsen in „Die Wildente"

Auch heute sind viele zeitgenössische Künstler vorrangig in der Literatur zu finden. Dazu zählen unter anderem die Kriminalautoren Anne Holt („Das einzige Kind", „Selig sind die Dürstenden", „Der norwegische Gast") und Jo Nesbø (Harry-Hole-Reihe), der Autor Jon Fosse („Schlaflos", „Schwester", „Das ist Alise", „Melancholie"), Jostein Gaarder („Sofies Welt", „Das Orangenmädchen",

„Der Geschichtenverkäufer"), Erik Fosnes Hansens („Choral am Ende der Reise", „Das Löwenmädchen"), Lars Saabye Christensen („Yesterday", „Der Halbbruder") und Herbjørg Wassmo („Das Haus mit der blinden Glasveranda", „Dinas Buch").

Der Jazzmusiker Jan Garbarek ist einer der bedeutendsten zeitgenössischen Jazzmusiker Europas. Er ist der überragende Akteur der skandinavischen Jazz-Szene. Der Pianist Leif Ove Andsnes hingegen wird in den großen Festspielhäusern der Welt gefeiert.

Norwegen ist auch die Heimat vieler Metal- und Rockbands, die auch international in der obersten Liga spielen. Im Metal-Bereich sind das Bands wie Arcturus, Borgir, Burzum, Darkthrone, Dimmu, Emperor, Gorgoroth, Mayhem und Turbonegro.

Über die Grenzen Europas hinaus ist Norwegen für seine elegante und zugleich moderne Architektur bekannt. International für Aufsehen sorgten unter anderem das neue Opernhaus in Oslo, das 1998 eröffnete Terminal des int. Flughafens Gardermoen in Oslo, die Wikingerschiff-Arena in Hamar sowie die imposante Glashallenkonstruktion über den Ruinen der mittelalterlichen Kathedrale in Hamar.

Norwegische Küche

Norweger lieben es zumeist deftig. Ihre Küche ist zwar nicht sternekochverdächtig, aber nichtsdestotrotz interessant und köstlich. In früherer Zeit war es außerordentlich wichtig, Lebensmittel möglichst lange lagern zu können. Das spiegelt sich bis heute in vielen traditionellen Gerichten wieder.

Obwohl Sie an Bord bestens verpflegt werden, sollten Sie an Land einige typisch norwegische Gerichte probieren:

- **Kjøttboller** (Fleischfrikadellen) entweder als Snack oder mit brauner Soße und Kartoffeln; ist vielen auch vom Möbelhaus IKEA bereits bestens bekannt
- **Fiskeboller** (gebratene Fischfrikadellen)
- **Fiskepudding**, erstaunlich leckere Resteverwertung auf Norwegisch
- **Fårikål**, „Hammel im Kohl", einfaches traditionelles Gericht

Frische Krabben

- ▷ **Karsk**, abgeleitet vom altnordischen Adjektiv „karskr" (gesund, kräftig), Cocktail aus Kaffee und Wodka oder Schnaps und ggf. einem Löffel Zucker; bekennender Karsk-Fan ist der Langläufer Petter Northug
- ▷ **Labskaus**, besteht klassisch zubereitet aus gepökeltem Rindfleisch, gestampften Kartoffeln, roter Beete, Salzgurken, Matjes und Zwiebeln, garniert mit Spiegelei, Gewürzgurke und Rollmops
- ▷ **Ekte Geitost**, auch einfach nur Geitost, ist ein halb fester, süßer Braunkäse aus Ziegenmilch; beim Einkochen der Molke karamellisiert der Milchzucker, wobei der süßliche Geschmack und die braune Farbe entstehen; dazu gibt es Brot
- ▷ **Reker,** gepulte Krabben, entweder mit Zitronensaft oder in Knoblauch gebraten
- ▷ **„Juleøl"**, dunkles, etwas süßliches Weihnachtsbier; einer Legende nach geht das Getränk auf eine Tradition der Wikinger zurück, die ein Gebräu namens „Jol" zur Wintersonnenwende zu Ehren der Götter Odin, Thor, Freia und Njord brauten; um 900 wurde der Wikinger-Brauch erstmals erwähnt
- ▷ **Rømmegrøt**, Sauerrahmgrütze, wird kalt oder warm mit Zucker und Zimt oder deftig mit Schinken serviert, dazu gibt es Flatbrød (Knäckebrot)
- ▷ **Lefse**, dünnes Fladenbrot traditionell aus unvergorenem Teig, wird zumeist mit Butter, Zucker und Zimt zum Kaffee gegessen

- ▷ **Kvikk-lunsj**, kultiger Schoko-Keks-Riegel „schnelle Mahlzeit", gibt es bereits seit 1937; beliebt als Snack bei Wanderungen und Skitouren
- ▷ **Tørrfisk**, der Trockenfisch aus Dorsch ist ein Exportschlager, nach dem Ausnehmen wird er erst im Freien und dann im Trockenraum nachgetrocknet; durch Salz geht etwa 70 % des Wassers verloren, Proteine, Calcium, Eisen und Vitamine bleiben jedoch erhalten
- ▷ **Sodd**, schneller traditioneller Lammeintopf mit Gemüse, wird mit Flatbrøt oder normalem Brot gegessen
- ▷ **Pølse**, eine Art Hot Dog bzw. Wiener Würstchen, gibt es im Prinzip an allen Imbissbuden und wird mit Senf, Ketchup oder Remoulade, Essiggurkenscheibchen und Röstzwiebeln in einem Brötchen serviert
- ▷ **Moltebeeren**, sehen aus wie Himbeeren, schmecken aber bitter-säuerlich, sind reich an Vitaminen und Spurenelementen und werden gern für Marmelade oder Gelee verwendet
- ▷ **Pultost**, streichbarer Sauermilchkäse aus Magermilch und Kümmel
- ▷ **Linie Aquavit** (41,5% Vol.), Kartoffelschnaps; durch die einst versehentliche Lagerung eines Aquavits („Wasser des Lebens") in Sherry-Fässern aus Holz kam der außergewöhnlich gute Geschmack zustande
- ▷ **Melkesjokolade**, beliebt bei allen, die Süßes mögen, gibt es mit Mandeln, Früchten, Karamell und Haselnüssen
- ▷ **Spekemat**, gepökeltes oder geräuchertes Fleisch oder Fisch mit Salat, Flatbrøt und Butter

Politik

Offizieller Name Norwegens ist Kongeriket Norge (Königreich Norwegen).

Das politische System Norwegens ist eine konstitutionelle Erbmonarchie und parlamentarische Demokratie. Es gibt 19 Provinzen und der 17. Mai ist Nationalfeiertag. An diesem Tag wurde 1814 die Verfassung verabschiedet, in der auch die demokratische Staatsführung und die Monarchie verankert wurden.

Norwegisches Staatsoberhaupt ist der König; er tritt als Repräsentant des Landes auf. Seit 1991 ist Harald V. König von Norwegen.

Seit 16. Oktober 2013 ist Erna Solberg Ministerpräsidentin.

Nationalhymne – auf Deutsch

Ja, wir lieben dieses Land,
wie es aufsteigt,

zerfurcht und wettergegerbt aus dem Wasser,
mit den tausend Heimen.
Lieben, lieben es und denken
an unseren Vater und Mutter
und die Saganacht, die hinsenkt
Träume auf unsere Erde.

Dieses Land, das Harald rettete,
mit seinem Riesenheer,
dieses Land, das Håkon wehrte,
während Øyvind sang;
Olav malte auf dem Land
das Kreuz mit seinem Blut,
von dessen Größe Sverre sprach
hin gegen Rom.

Bauern ihre Äxte schärften,
wo ein Heer gebildet wurde,
Tordenskiold entlang der Küste blitzte,
so sie nach Hause glänzte.
Selbst Frauen standen auf und stritten,
als ob sie Männer wären;
Andere konnten nur verzweifeln,
aber es kam wieder!

Sicher, wir waren nicht viele,
aber doch genug
als wir mehrere Male geprüft wurden
und es stand auf dem Spiel;
weil wir lieber das ganze Land entflammten,
als es zu Fall kommen zu lassen;
erinnern wir uns nur an das was geschah
drunten in Fredrikshald!

Harte Zeiten haben wir ertragen,
wurden zum letzten verleugnet;

aber in der schlimmsten Not blauäugig
wurde uns die Freiheit geboren.
Es gab uns Vaterkraft zu tragen
Hungersnot und Krieg,
es gab dem Tod selbst die Ehre –
und es gab Einigung.

Der Feind warf seine Waffen weg,
öffnete das Visier,
wir mit Verwunderung zu ihm eilten,
denn er war unser Bruder.
Von der Scham befreit
gingen wir südwärts;
jetzt stehen wir drei Brüder zusammen,
und werden zusammen bleiben!

Norwegische Männer in Haus und Hütte,
dank großer Gott!
Das Land wollte er beschützen,
obwohl es finster aussah.
Alles, was die Väter erkämpft haben,
was die Mütter erweint,
hat der Herr still vollbracht
sodass wir unser Recht gewannen.

Ja, wir lieben dieses Land,
wie es aufsteigt,
zerfurcht und wettergegerbt aus dem Wasser,
mit den tausend Heimen.
Und wie der Kampf unserer Väter erhob
es von Not zu Sieg,
auch wir, wenn es verlangt wird,
für dessen Frieden Lager schlagen.

Melodie: Richard Nordraak
Text: Bjørnstjerne Bjørnson

Seit 1884 ist die Norwegische Nationalversammlung (Storting) die höchste politische Instanz des Landes. Sie wird alle vier Jahre gewählt und ist die gesetzgebende Gewalt (Legislative) im norwegischen Politiksystem. In der Nationalversammlung sind sieben Parteien vertreten: Arbeiterpartei/Sozialdemokratische Partei (Arbeiderpartiet), Rechte/Konservative (Høyre), Fortschrittspartei/Rechtspopulistische Partei (Fremskrittspartiet), Sozialistische Linkspartei (Sosialistisk Venstreparti), Christliche Volkspartei (Kristelig Folkeparti), Zentrumspartei/Interessenvertretung der Bauern (Senterpartiet) und Linke/Liberale (Venstre).

Zwar besteht die Nationalversammlung, juristisch betrachtet, aus zwei Teilen: (Odelsting und Lagting), doch wird das Parlament mit seinen 169 Abgeordneten als Einkammersystem betrachtet. Die Abgeordneten sitzen im Parlament nicht als Fraktion, sondern getrennt nach Heimatprovinzen zusammen. Aufgabe des Parlaments ist die Verabschiedung von Gesetzen, Beschließen des Haushalts und Kontrolle der Arbeit der Regierung. Diese wird aus der Mitte des Stortings (norwegisch, wortwörtlich „Großversammlung“ bzw. das „Große Thing“) gebildet. Die wichtigsten Regierungsämter sind der Ministerpräsident, er leitet auch die Nationalversammlung, der Finanz- und der Außenminister.

Norwegen ist außenpolitisch sehr engagiert; es setzt auf Zusammenarbeit auf skandinavischer, europäischer und internationaler Ebene. Friedens- und Entwicklungspolitik sowie Zusammenarbeit in Fragen der Umwelt sind wichtige Ziele der Außenpolitik.

Das Land ist stolz auf ein beispielhaftes Schul- und Ausbildungssystem, eine staatlich gesicherte Altersvorsorge und die niedrigste Arbeitslosenquote Europas.

Reiche Erdöl- und Gasfunde im Ekofisk-Feld in der Nordsee machten die rasante Entwicklung Norwegens zu einem der reichsten Länder der Erde möglich.

Das Öl- und Gasfeld Ekofisk befindet sich in der zentralen Nordsee auf dem Kontinentalschelf Norwegens. Einen Tag vor Weihnachten wurde es 1969 von der Phillips Petroleum Company entdeckt. Der Fund, der den Ölboom in der Nordsee auslöste, ging in die Geschichte ein und ist seit 2001 ein nationales Kulturgut. Das Feld ist ca. 210 km vom Festland entfernt und befindet sich unweit der Grenze zwischen dem dänischen und norwegischen Abschnitt der Nordsee. Nach Statfjord ist es mit geschätzten 3,8 Milliarden Barrel das größte Ölfeld der Nordsee.

Religion

77,2 % der Bevölkerung gehören der norwegischen Kirche (evangelisch-lutherisch), 2,1 % der römisch-katholischen Kirche und 3,8 % anderen christlichen Glaubensgemeinschaften an. Islam mit 2,3 %, Buddhismus mit 0,3 % und Hinduismus mit 0,1 % sind kleinere Religionsgemeinschaften. Nur 12,5 % der Bevölkerung sind ohne Religion.

Sport

Gern wird behauptet, dass die Norweger bereits mit Skiern an den Beinen auf die Welt kommen. Wirklich nachgewiesen ist das nicht, aber Skisportarten wie Biathlon, Ski Alpin oder Skilanglauf sind die beliebtesten Wintersportarten der Norweger. Regelmäßig gibt es beeindruckende Ergebnisse bei Olympischen Spielen und Weltmeisterschaften.

Nicht von ungefähr nahm der moderne Skisport ausgerechnet in Norwegen seinen Anfang. Hier läuft man schon seit mehr als 4.000 Jahren Ski. Zunächst war dies allerdings ein notwendiges Transport- und Fortbewegungsmittel. Erst viel später wurde ein Freizeitsport daraus.

Ein Bauernsohn aus der Region Telemark wurde einst zum Pionier des modernen Skilaufs. Sondre Auersen Norheim (1825-1897) war im vorletzten Jahrhundert einer der besten Skispringer und Abfahrer. Er erfand die Seilzugskibindung und stellte seine eigenen Holzski her. Damals sprang er bereits über 30 m weit. Norheim kreierte auch den noch heute als elegant geltenden Telemark, eine Skitechnik bei der die Schwungeinleitung zum Ausfallschritt aus einem Wechselschritt der Beine hervorgeht.

Seine Fersenbindung ermöglichte das Springen und Schwingen mit den Skiern, ohne diese zu verlieren. Die ebenso von Norheim entwickelten taillierten Skier waren der Prototyp für eine ganze Skigeneration.

Zu Ehren dieses Wintersportpioniers wurde das Olympische Feuer für die Winterspiele 1952 in Morgedal, am Herd des Wohnhauses von Sondre Norheim, entzündet.

„Das Skilaufen ist die nationalste aller norwegischen Sportarten, und was für eine fantastische dazu. Wenn irgendein Sport es verdient, Sportart aller Sportarten genannt zu werden, dann ist es gewiss diese."

Fridtjof Nansen nach der Durchquerung Grönlands

Zu den erfolgreichsten Wintersportlern zählen:

▷ **Sonja Henie** (1912-1969), Eiskunstläuferin, zehnfache Weltmeisterin, sechsfache Europameisterin und dreifache Olympiasiegerin in den 1920er- und 1930er-Jahren

▷ **Bjørn Dæhli** (geb. 1967), Skilangläufer, gewann 12 olympische und 17 Weltmeisterschaftsmedaillen

▷ **Lasse Kjus** (geb. 1971), Alpinskifahrer, einmal Olympiasieger, dreimal Weltmeister; gewann bei der Weltmeisterschaft 1999 in allen fünf ausgetragenen Disziplinen eine Medaille (zwei goldene, drei silberne)

▷ **Ole Einar Bjørndalen** (geb. 1974), Biathlet, nach Anzahl von Titeln und Gesamtzahl von Medaillen weltweit erfolgreichster Athlet bei Weltmeisterschaften und Olympischen Winterspielen, ☞ Bekannte Persönlichkeiten Norwegens

▷ **Marit Bjørgen** (geb. 1980), Skilangläuferin, gewann sechs olympische Goldmedaillen

▷ **Aksel Lund Svindal** (geb. 1982), Skirennläufer, einmal Olympiasieger, fünfmal Weltmeister sowie weitere Medaillen bei Olympischen Spielen und Weltmeisterschaften, 21 norwegische Meistertitel

▷ **Petter Northug** (geb. 1986), Skilangläufer, war mit 20 Jahren jüngster Weltcupsieger aller Zeiten, wurde 2010 Doppelolympiasieger, gewann zweimal den Gesamtweltcup

Fußball und Handball sind in Norwegen auch sehr beliebt. Hier sind besonders die Frauen erfolgreich.

Magnus Carlson (geb. 1990) ist jüngster Schach-Großmeister aller Zeiten. 2013 wurde er Schachweltmeister.

Sprache

In Norwegen gibt es drei Sprachen. Die beiden offiziellen Sprachen, Bokmål (Dänisch-Norwegisch) und Nynorsk (Neunorwegisch), sind nordgermanische Sprachen und miteinander verwandt.

Bokmål (wörtlich: „Buchsprache) basiert auf dem Dänischen, das lange Zeit die Verwaltungssprache Norwegens war, und ist sozusagen „buchsprachliches" Erbe der norwegisch-dänischen Personalunion. Noch heute wird Bokmål von der überwiegenden Mehrheit der Bevölkerung geschrieben.

Nynorsk hingegen basiert auf west- und zentralnorwegischen Dialekten. Die „neunorwegische" Schriftsprache wurde Mitte des 19. Jahrhunderts vom Sprachwissenschaftler Ivar Aasen geschaffen.

Die dritte offizielle Sprache ist Sami, auch Samisch. Sie gehört zur Gruppe der finno-ugrischen Sprachen und wird vom Volk der Samen in Lappland gesprochen. Es gibt mehr als zehn Dialekte.

„Hávskkes guoibmi oanida mátkki."
(Ein netter Kamerad verkürzt die Reise.)

Samisches Sprichwort

Als Tourist kann man sich mit Englisch gut verständigen. Einige Norweger sprechen auch Deutsch.

Schon wenige norwegische Worte wie „takk" (danke) oder „God dag" (Guten Tag) helfen, die erste Sprachhürde zu nehmen.

Wirtschaft

Norwegen zählt zu den Ländern mit höchster Bonität und höchstem Pro-Kopf-Einkommen. Der fulminante wirtschaftliche Aufstieg Norwegens geht auf die Erschließung seiner Öl- und Gasvorkommen Anfang der 1970er Jahre zurück. Gefördert wird in der Nordsee, dem Europäischen Nordmeer und der Barentssee. Bei der Erdölförderung lag Norwegen 2012 auf Weltrang 14 und bei Gas auf Rang 6. Der Öl- und Gasexport trug 2013 mit 21,5 Prozent zum BIP und einschließlich Mineralölprodukten mit zirka 60 Prozent zum Warenexport des Landes bei. Wichtigstes Förderunternehmen ist Statoil mit rund 100.000 Arbeitsplätzen. Der Energiekonzern ist, wie andere bedeutende Unternehmen in Schlüsselbereichen der norwegischen Wirtschaft, in öffentlicher Hand. Für Politiker vollkommen ungewöhnlich wurden die üppig sprudelnden „Petro-Dollars" nicht ausgegeben, sondern gespart.

1997 legten die umsichtigen Norweger einen Staatsfonds auf, der die Milliarden-Erträge aus dem Öl- und Gasgeschäft in Aktien, Anleihen und seit Kurzem auch in Immobilien anlegt. 2013 hatte der Fonds einen Marktwert von rund 878 Milliarden Dollar. Damit ist er der größte Staatsfonds der Welt und hat enorme Macht auf den globalen Kapitalmärkten. So hält er beispielsweise rund 2,5 Prozent aller Unternehmensaktien in Europa und besitzt weltweit Anteile an mehr als 8.000 Unternehmen. Ein Ethikrat überwacht die Anlageentscheidungen, an denen sich viele institutionelle Anleger orientieren. Seit seiner Auflegung haben die Fondsmanager eine beeindruckende Rendite von durchschnittlich knapp 6 % erreichen können. Damit auch spätere Generationen noch davon profitieren und das wirtschaftliche Gefüge intakt bleibt, soll die Regierung nur einen kleinen Teil des Fondsvermögens (4 %) im Haushalt verplanen.

Der Ölboom macht es möglich: Die Norweger arbeiten zunehmend weniger, weil ihre Löhne so hoch sind. Doch dieses Wirtschaftsmodell führt zu absurden Auswüchsen – und bedroht die Firmen des Landes.

Inzwischen werden in Norwegen selbst Stimmen laut, dass es den Norwegern zu gut geht und absurderweise ausgerechnet das langsam zu Problemen führt.

Der Wohlstand einer der reichsten Länder führt dazu, dass seine Bürger immer weniger Lust haben zu arbeiten. Hohe Einkommen machen mehr Lust auf den „nordischen Lebensstil“ mit Skifahren, Fahrradtouren und einer Hütte in den Bergen. Schon Donnerstagabend entvölkert sich die Hauptstadt und man verbringt ein langes Wochenende mit der Familie. Hohe Löhne führen dazu, dass Arbeitszeitreduzierungen langsam eher zur Regel als zur Ausnahme werden. Warum soll man schließlich mehr arbeiten als nötig! Die Zahl der geleisteten Arbeitsstunden geht zurück und bei geringer Arbeitslosenquote von ca. 3 % erreicht die Beschäftigungsquote etwa 60 %.

Der weitere Anstieg der Löhne führt schon jetzt dazu, dass beispielsweise Touristen feuchte Augen bei den gepfefferten Preisen bekommen. Auf lange Frist kann das zu starken Einbrüchen in der Branche führen.

Die stetig steigenden Lohnkosten machen aber auch der Wirtschaft Sorgen. Sie liegen inzwischen um ein Vielfaches höher als in Deutschland und führen dazu, dass die Preise steigen. Derzeit liegen sie ca. 15 % höher als die der Konkurrenz. Das führt nicht selten zum Verlust von Aufträgen.

Um konkurrenzfähig zu bleiben, droht der Billigflieger Norwegian Air bereits damit, Personal aus Asien und Europa einzustellen und die Flugzeuge nach Thailand zu verlegen.

Trotzdem: Attraktive Löhne und der „nordische Lebensstil“ locken Jahr für Jahr 50.000 Immigranten ins Land!

Aktuell macht, neben Russland und anderen Ölförderländern, auch Norwegen der Preisverfall von Öl und Gas zu schaffen. Da ist es gut, dass die traditionellen norwegischen Wirtschaftssektoren noch von Bedeutung geblieben sind. Dazu zählen in erster Linie: Schifffahrt, Fischfang, Land- und Forstwirtschaft sowie Tourismus. Norwegen ist nicht Mitglied der Europäischen Union (EU), hat jedoch durch den EWR Zugang zu dem einheitlichen Markt. Etwa drei Viertel des norwegischen Außenhandels gehen in die EU-Staaten.

Die Seeschifffahrt hat im Land der Wikinger eine große Tradition. Norwegen hat die viertgrößte Handelsflotte der Welt. Ende 2012 waren knapp 1.400 im In- sowie im Ausland registrierte Schiffe der norwegischen Handelsflotte (jeweils über 100 Bruttoregistertonnen) in Betrieb. 2013 trug die Schifffahrt mit ca. 1 % zum BIP bei. Darüber hinaus kontrollieren norwegische Unternehmen rund 20 % der internationalen Versicherungsmärkte für Schiffe.

Norwegen zählt zu den größten Fischereinationen der Welt. Die Norwegische See und die Barentssee sind die Hauptfanggebiete. Die am häufigsten gefangenen Fische sind Dorsch, Hering, Schellfisch, Makrele und Garnelen. Daneben hat in den vergangenen 20 Jahren die Fischzucht in sogenannten Aquakulturen an Bedeutung zugenommen. Vor allem Lachs und Kabeljau werden dort gezüchtet. Heute kommen etwa 40% des norwegischen Fischexports aus Aquakultur. Die Fischexporte stellen zirka 6% des Gesamtexports des Landes. 2012 waren 15.200 Erwerbstätige hauptberuflich in der traditionellen Fischereiwirtschaft beschäftigt. Strenge Regulierungen sollen dem Problem der Überfischung entgegenwirken und die Bestände langfristig sichern.

Norwegen wurde in den letzten Jahren von Millionen von Touristen entdeckt. Die Branche weist über viele Jahre beträchtliche Wachstumsraten auf. 2013 waren hier mit zirka 109.000 Arbeitnehmern über 6 % aller Beschäftigten angestellt. Das Nordkap und der Geirangerfjord gehören zu den meistbesuchten Touristenattraktionen des Landes. Ebenso haben sich die traditionellen Postschifflinien entlang der Westküste (Hurtigruten) zu Touristenmagneten entwickelt. Die saubere und unberührte Natur und die Abgeschiedenheit vom Großstadtstress scheinen dabei insbesondere auf deutsche Urlauber paradiesisch zu wirken. Sie stellten 2013 mit circa 1,3 Millionen Übernachtungen (19 %) die größte Gruppe.

Die Holzwirtschaft war für Norwegen ein frühes und wichtiges Exportgut. Heute spielt sie wegen der nur wenig produktiven Nutzfläche und den häufig schwierigen lokalen Bedingungen nur noch eine untergeordnete Rolle. Steile Hänge und schwierige bis gar keine Transportwege erweisen sich vielfach als Hemmnis für eine effiziente Forstwirtschaft.

Informationen zur Kreuzfahrt
Impressionen einer herrlichen schneebedeckten Landschaft

Die wichtigste Reederei und diverse Veranstalter

▷ **Hurtigruten GmbH**

20354 Hamburg, Große Bleichen 23, ☏ 040/87 40 83 58, FAX 040/36 41 77, 💻 www.hurtigruten.com, ✉ ce.info@hurtigruten.com.

Die einwöchige Reise von Bergen nach Kirkenes kostet inklusive Vollpension ab € 835 (Innenkabine) bis ca. € 1.400 (Minisuite). Ausflüge sowie An- und Abreise sind nicht im Reisepreis enthalten.

Polarlys

▷ **e-hoi**

60329 Frankfurt, Taunusstr. 21, ☏ 069/20 45 68 46, FAX 069/20 45 67 99, 💻 www.e-hoi.de, ✉ reisen@e-hoi.de.

Die sechstägige Reise von Kirkenes nach Bergen kostet inklusive Vollpension ab € 1.228 (Innenkabine) bis ca. € 1.536 (Suite). Ausflüge sowie An- und Abreise sind nicht im Reisepreis enthalten.

▷ **Dreamlines GmbH**
20354 Hamburg, Neuer Wall 43, ☏ 0800/445 51 55 (kostenlose Servicehotline), FAX 049/406 09 46 50 25, 💻 www.dreamlines.de, ✉ info@dreamlines.de.
Die sechstägige Reise von Kirkenes nach Bergen kostet inklusive Vollpension ab € 961 (Innenkabine) bis ca. € 1.260 (Suite). Ausflüge sowie An- und Abreise sind nicht im Reisepreis enthalten.

▷ **nea-net internetservice GmbH**
Abteilung postschiffreise.de, 91456 Diespeck, Bogenstraße 8a, ☏ 049/91 61 66 30 35, 💻 www.postschiffreise.de, ✉ onlinebuchung@postschiffreise.de.
Die sechstägige Reise von Kirkenes nach Bergen gibt es hier inklusive Halbpension, Hin- und Rückflug ab € 1.399 (Innenkabine). Ausflüge sind nicht im Reisepreis enthalten.

▷ **ZeitRäume**
ZR-Reisen Individual UG (haftungsbeschränkt), 35415 Pohlheim, Zur Mühle 6, ☏ 06 41/93 12 60, FAX 06 41/931 26 14, 💻 www.zeitraeume-reisen.de, ✉ info@zeitraeume-reisen.de
Die einwöchige Reise von Bergen nach Kirkenes kostet mit Frühbucherrabatt inklusive Vollpension ab € 961 (Innenkabine). Ausflüge sowie An- und Abreise sind nicht im Reisepreis enthalten.

▷ **Schiffsreisen-Navigator**,
10715 Berlin, Berliner Str. 154, ☏ 030/44 67 83 64, 0800/000 56 88 (kostenfrei, Mo-Fr 10:00-13:00 und 14:00-17:00), FAX 030/444 33 45, 💻 www.schiffsreisen-navigator.de/postschiffreisen/, ✉ info@schiffsreisen-navigator.de.
Die sechstägige Reise von Kirkenes nach Bergen ist ganzjährig buchbar und kostet inklusive Vollpension ab € 1.040 (Innenkabine). Ausflüge sowie An- und Abreise sind nicht im Reisepreis enthalten.

▷ **TUI Wolters Reisen GmbH**
28816 Stuhr, Bremer Str. 61, ☏ 0421/899 92 17, FAX 0421/80 14 47 💻 www.tui-wolters.de, ✉ info@wolters.tui.de.

Die siebentägige Reise von Kirkenes nach Bergen gibt es hier inklusive Vollpension, Linienflug nach Bergen und zurück von Kirkenes, Reiserücktrittversicherung und einem Reiseführer pro Kabine zum Frühbucherpreis ab € 1.599 (Innenkabine) bis € 2.909 (Suite) zum Normalpreis. Ausflüge sind nicht im Reisepreis enthalten.

Die oben genannten Preise können auslastungs-, wettbewerbs-, saisonal und witterungsbedingt schwanken.

Das Bordleben

Das Bordleben und *den* typischen „Postschiffler" gibt es nicht. Selbst auf einem räumlich begrenzten Postschiff gestalten sich die Passagiere ihren Tagesablauf meist individuell. Insgesamt ist die Reise natürlich von Landgängen und Ausflügen geprägt. Für die meisten findet das Bordleben daher komprimiert in der ausflugsfreien Zeit statt.

Es gibt aber Urlauber, die es in punkto Ausflüge ruhiger angehen lassen und ganze oder halbe Tage die Annehmlichkeiten an Bord genießen. Endlich mal Zeit ein Buch zu lesen oder in der Sonne zu liegen. Das Gros der Mitreisenden ist derweil an Land, es ist angenehm ruhig und beschaulich auf dem Schiff.

Es gibt die Frühaufsteher, die schon darauf warten, dass es endlich Frühstück gibt, und natürlich die Langschläfer, die sich gleich erkundigen, bis wann es Kaffee gibt.

Die Sparfüchse wägen ab, ob sich der Kauf eines Getränkepakets lohnt oder ob es sich auszahlt, den Kaffeebecher zum beliebig häufigen Auffüllen zu kaufen.

Während die Unermüdlichen ständig nach Beschäftigung suchen, relaxen andere, indem sie sich dem beschaulichen Rhythmus und dem langsamen Dahingleiten des Schiffes anpassen.

Besonders spannend sind die Hurtigrutenprofis, die alten Hasen sozusagen. Sie berichten gern aus ihrem reichen Erfahrungsschatz, kennen alle Schiffe, alle Fjorde, alle Berge, alle Orte und das natürlich zu allen Jahreszeiten. Sie wissen, welche Kabinen die besten sind, welche die günstigste Zeit zum Essen ist und auf welcher Seite die beste Sicht ist.

In den Pool hüpfen

Dann gibt es noch die Informationssammler, die überall da zu finden sind, wo es Wissen anzuhäufen gibt. Sie sind nicht selten in der Nähe des Reiseleiters oder der Rezeption anzutreffen.

Nicht zu vergessen sind die Neugierigen; die trifft man praktisch überall. Sie wollen nichts verpassen, keinen Hafen, keinen Fjord und auch keinen Troll.

Alles in allem ist das Bordleben so bunt wie das Leben an Land auch. Was aber für alle gilt: Haben Sie Spaß, einen unvergesslichen Urlaub, erholen Sie sich gut und kommen Sie zufrieden und mit wunderschönen Erlebnissen und Eindrücken nach Hause zurück!

Die Hurtigruten

Als Hurtigruten (schnelle Route) wird die traditionelle norwegische Postschifflinie bezeichnet. Sie verbindet die Orte an der 2.700 km langen Nord-Süd-Ausdehnung Norwegens. Mit ihr sollte der wirtschaftsschwache Norden Norwegens mit dem Süden des Landes verbunden werden.

Die Länge der Küstenlinie beträgt, einschließlich der Inseln, 83.283 km. Im Sommer wird eine Gesamtstrecke von 5.131 km befahren und im von Winter 4.901 km. Die Fahrzeit der Hurtigruten-Schiffe beträgt sechs Tage von Bergen nach Kirkenes und fünf Tage wieder zurück nach Bergen.

Die norwegische Küste war schon immer reich an Fischen und so lag es nahe, mit getrocknetem Fisch Handel zu betreiben. Da es an der Westküste noch keine verlässlichen Seekarten und nur wenige Leuchttürme gab, war der Seeweg zwischen Süd- und Nordnorwegen ein risikoreiches Unterfangen. Er führte an Inseln, Meerengen, Klippen und Felsen vorbei; das brachte viele Gefahren mit sich.

Durch die finanzielle Unterstützung der norwegischen Regierung war es schließlich möglich, eine sichere Handelsroute auf den Weg zu bringen. Kapitän Richard With begann, zusammen mit seinem Freund Anders Holthe, einem Lotsen, zunächst die ganze Küste akribisch zu kartografieren. Sie machten die Strecke damit schiffbar. 1893 war es dann so weit, Richard With installierte mit seinem Dampfschiff D/S Vesterålen die erste regelmäßige Schiffslinie entlang der norwegischen Küste und nannte sie Hurtigruten – „schnelle Route". Heute wie damals sind die Schiffe der Route Fracht-, Post- und Passagierschiffe zugleich. Das hat sich auch in über 120 Jahren nicht geändert. Nur die Passagierzahlen sind deutlich gestiegen und die Schiffe wurden immer schneller.

Die Flotte der Hurtigruten besteht aus 11 bzw. 13 Schiffen:

Die M/S Fram gehört zwar zur Flotte, fährt jedoch nicht auf der Hurtigrute, sondern wird als Expeditionsschiff eingesetzt. Die M/S Nordstjernen verkehrt zwar in den Sommermonaten regelmäßig auf der Hurtigrute, wird aber für diese Zeit gechartert.

▷ **M/S Nordstjernen**

Das Schiff, Baujahr 1956, wurde in den Jahren 2000 und 2014 von Grund auf modernisiert. Es wurde viel Augenmerk darauf gelegt, dass das Flair der alten Atlantikkreuzer dabei erhalten blieb. Ihren Namen erhielt die M/S Nordstjernen nach dem Polarstern, bekannt auch als Nordstern (lat. Stella Polaris). Schon seit den Wikingern leitet der helle Stern die Schiffe gen Norden.

Trotz der Etagenbetten in den meisten Kabinen sind diese praktisch und gemütlich ausgestattet. Alle Räume, auch Speiseraum, Bar, Café, Panorama-Salon und Bibliothek, sind mit feinem alten Holz versehen.

Das Nostalgieschiff feiert 2016 seinen 60. Geburtstag. Im Jubiläumsjahr kann auf unterschiedlichen Routen der arktische Lebensraum erkundet werden; eine Expeditionsreise widmet sich dem „Arktischen Abenteuer" vor Spitzbergen.

▷ **M/S Lofoten**

Obwohl die M/S Lofoten, Baujahr 1964, nicht das älteste Schiff der Flotte ist, so ist das kleine Schiff mit seinen 87 Kabinen ein ganz besonderes Nostalgieschiff und steht unter Denkmalschutz. Nach einer umfassenden Renovierung 2003 ermöglicht es eine Seereise familiärer Art in einfachen, bequemen Kabinen und authentischer Atmosphäre. Ursprüngliches Flair haben die schönen Salons und Panoramadecks.

▷ **M/S Vesterålen**

Die M/S Vesterålen wurde 1983 gebaut und bereits 1988 und 1995 zweimal modernisiert. Das Schiff erhielt seinen Namen nach einer Region nördlich der Lofoten, in der auch Stokmarkes, der erste Heimathafen der Hurtigruten, liegt. Es ist bereits das zweite Schiff, das diesen Namen trägt.

Auf einem der kleinsten Schiffe der Flotte verteilen sich 147 Kabinen auf 5 Decks. Die vergleichsweise niedrige Passagierzahl macht die Reise familiär und besonders. Helle und gemütliche Räume und der herrliche Panorama-Salon sorgen für eine entspannte Atmosphäre.

▷ **M/S Nordnorge**

Die M/S Nordnorge ist bereits das zweite Schiff, das diesen Namen trägt. Sie nahm 1997 ihren Dienst auf und wurde nach einer Region benannt, die sich oberhalb des Polarkreises befindet. Zwischen 2002 und 2007 war sie in der Antarktis unterwegs.

214 Kabinen verteilen sich über 4 Decks. Harmonische Farbkombinationen, edle Materialen sowie eine Innenausstattung mit Elementen von Art déco und Jugendstil sorgen für Gediegenheit und Flair.

▷ **M/S Polarlys**

Das mittlerweile dritte Schiff, das den Namen Polarlys trägt, lief im November 1995 vom Stapel und wurde im März 1996 getauft. Die M/S Polarlys ist ein elegantes Schiff mit 225 Kabinen, die sich über vier Decks verteilen. Namensgeber ist Aurora borealis, das Polarlicht. Ausstattung und Einrichtung sorgen mit ausgewählten Hölzern, poliertem Messing und Gegenwartskunst für ein außergewöhnliches Ambiente.

Hurtigruten-Flagge

▷ **M/S Nordlys**

Die M/S Nordlys wurde 1993 auf der Volkswerft Stralsund gebaut. Es ist das zweite Schiff, das diesen Namen trägt. Namensgeber ist das Nordlicht, eine der eindrucksvollsten Himmelserscheinungen der Welt. Die Ausstattung ist in Farbe und Dekor vom Nordlicht inspiriert und entsprechend hell gehalten. Hier gibt es maritimen Schick, diverse Salons, Liegesessel und vieles mehr. Von den 226 Kabinen sind 17 Innenkabinen und 3 barrierefrei.

▷ **M/S Kong Harald**

Die M/S Kong Harald wurde auf der Volkswerft Stralsund gebaut und nahm 1993 zum 100-jährigen Bestehen der Hurtigruten ihren Dienst auf. Das Schiff ist nach dem heutigen König Harald benannt. Dekorative Details wie die Königskrone und Lilien sind Elemente des vorwiegend in königsblau gehaltenen Innendesigns.

Es gibt 227 Kabinen auf 7 Decks. Die Bar trägt den Namen des norwegischen Polarforschers und Nobelpreisträgers Fridtjof Nansen und das Café den des Forschers Roald Amundsen.

▷ **M/S Richard With**

Auch die M/S Richard With nahm 1993 ihren Dienst auf und erhielt den Namen des berühmten norwegischen Kapitäns und Gründers der legendären Postschifflinie Hurtigruten. Sie wurde auf der Volkswerft in Stralsund gebaut.

Die M/S Richard With ist sehr schön ausgestattet, hat 228 Kabinen, davon 10 komfortable Suiten. Es gibt 2 Whirlpools auf Deck, diverse Kunstwerke, einen Panorama- und einen Aussichtssalon.

▷ **M/S Nordkapp**

M/S Nordkapp ist fast baugleich mit ihrem Schwesternschiff, der M/S Nordnorge. Benannt wurde sie nach dem aus dem Eismeer herausragenden Nordkap, dem nördlichsten Punkt des europäischen Festlandes (71° nördlicher Breite). Das beeindruckende Felsplateau erhielt bereits 1553 seinen Namen von Richard Chancellor und ist eines der bekanntesten Ausflugsziele der Hurtigruten.

Das Schiff, das am 2. April 1996 seinen Dienst aufnahm, wurde von keiner Geringeren als Königin Sonja von Norwegen getauft. Die M/S Nordkapp hat 226 Kabinen, die sich auf 4 Decks verteilen. Die Ausstattung ist klassisch-modern mit Kunstwerken des norwegischen Malers, Grafikers und Schriftstellers Karl Erik Harr.

Richard Chancellor (geb. ca. 1521 in Bristol, † 10.11.1556 vor der Küste Schottlands) war ein englischer Forscher und Seefahrer. Er war der Erste, dem es gelang, das Weiße Meer zu durchqueren. Über seine Herkunft ist wenig bekannt. Bekannt ist, dass er ab 1553 Kapitän der „Edward Bonaventure" und mit zwei weiteren Schiffen unterwegs auf der Suche nach der Nordpassage war. Die Expedition unter Leitung von Hugh Willoughby sollte neue Handelsrouten nach Osten erkunden. Ein heftiger Sturm trennte die drei Schiffe voneinander. Chancellor setzte die Reise unbeirrt fort, folgte der Küste der Halbinsel Kola, überquerte das Weiße Meer und erreichte Archangelsk, wo er ankerte. Zar Iwan der Schreckliche (Iwan IV.) im 2.400 km entfernten Moskau war von dem ungewöhnlichen Gast so beeindruckt, dass er ihn nach Moskau einlud und zu seinen Ehren diverse Festbankette gab.

Der Zar gab Chancellor bei der Abreise einen Brief an Edward IV. mit, der sein Einverständnis zum Aufbau von Handelsbeziehungen zwischen England und

Russland zum Inhalt hatte. Zurück in der Heimat wurde daraufhin 1555 die Handelsgesellschaft Muscovy Company gegründet. Auf der Rückfahrt einer weiteren Russlandreise, bei der außer Chancellor auch der russische Botschafter an Bord war, sank das Schiff vor der schottischen Küste. Während sich der Botschafter retten konnte, kam Chancellor ums Leben.

▷ **M/S Midnatsol**

Die M/S Midnatsol (deutsch: Mitternachtssonne) nahm 2003 ihren Dienst auf. Mit ihrer freundlichen und farbenreichen Ausgestaltung gibt sie die Schönheit des warmen, sonnigen Sommers in Norwegen wieder. Die ökologisch orientierte Innenausstattung besteht vornehmlich aus heimischen Materialien. Die M/S Midnatsol ist bereits das vierte Schiff, das diesen Namen trägt. Wie das Schwesterschiff M/S Trollfjord hat sie einen traumhaften Panorama-Salon über zwei Etagen in der Bugspitze des Schiffes. Die riesigen Fensterfronten bieten eine fantastische Aussicht.
Das Schiff hat 298 Kabinen, darunter 23 Suiten; einige davon haben Balkon. Sie verteilen sich auf 5 Decks.

▷ **M/S Finnmarken**

Das Schiff, Baujahr 2002, ist bereits das vierte Schiff, das diesen Namen trägt. Namensgeber ist der flächenmäßig größte Verwaltungsbezirk des Landes. Die M/S Finnmarken hat auf Deck einen Swimmingpool und auch einen Whirlpool. Innen wurde das Schiff sehr charmant im Jugendstil eingerichtet. Es gibt 283 Kabinen auf 5 Decks.

▷ **M/S Trollfjord**

Die M/S Trollfjord wurde 2002 in Betrieb genommen. Ihren Namen erhielt sie vom gleichnamigen Fjord, der zwischen den Inselgruppen Vesterålen und den Lofoten liegt. Bekannt wurde er durch die berühmte „Schlacht im Trollfjord".
Die M/S Trollfjord hat wie ihr Schwesterschiff Midnatsol einen einzigartigen Panorama-Salon, sehr schöne Suiten und eine Innenausstattung, die von norwegischen Hölzern und Steinen dominiert wird.

In dem kleinen Fjord mit einer Breite von etwa 100 m und einer Länge von 2 km, eingekesselt von steilen Felsenwänden, lieferten sich im Roman von Johan

Bojer „Die Lofotfischer" im Winter des Jahres 1890 Küstenfischer in Ruderbooten einen erbitterten Kampf mit den Besatzungen von Dampfschiffen. Auf der Suche nach Kabeljau sichteten sie Wale, und wo es Wale gibt, da sind auch Heringe nicht weit, und wo es Heringe gibt, gibt es auch Kabeljau. Also folgten sie den Walen. Am Eingang des Trollfjords mussten sie feststellen, dass sich die Dampfschiffe quer aufgestellt und ihre großen Netze bereits ausgeworfen hatten. Den Ruderbooten hatten sie den Zugang zum Fjord hingegen versperrt. Nach einem erbitterten und heftigen Kampf mit Bootshaken und Rudern errangen sie einen Sieg und damit die Einfahrt in den Fjord zum Kabeljau.

Im spannenden Roman über die Lofotfischerei nimmt Bojer Bezug auf die „Schlacht am Trollfjord" vom 6. März 1890. Die Schlacht ist historisch betrachtet ein erstes Beispiel für den Kampf um die Ressourcen des Meeres.

Getrockneter Fisch

▷ **M/S Fram**

Das zweitjüngste Schiff der Flotte wurde 2007 gebaut. Der Name „Fram" bedeutet „vorwärts". Dank innovativer Technologie und höchstem Sicherheitsstandard unternimmt das Schiff Expeditionsreisen in die Polarregion. Von Ende Oktober bis Februar können Gäste der Antarktis-Tour in High-Tech-Zelten und extra-warmen Schlafsäcken im ewigen Eis übernachten. Die „Amundsen-Nacht" kann in der Saison 2016/2017 auf neun Antarktisreisen gebucht werden

▷ **M/S Spitsbergen**
Am 06. Juli 2016 wurde unter der Mitternachtssonne der Lofoten das Expeditionsschiff M/S Spitsbergen getauft. Das neue Flottenmitglied steht für nachhaltigen Abenteuerurlaub. Nach seiner ersten Saison wird das Schiff abwechselnd entlang der Küste Norwegens oder auf Expeditionsreise in der Polarregion unterwegs sein.

Zwar haben in der über 120-jährigen Geschichte der Hurtigrute Eigentümer und Reedereien gewechselt, gleich geblieben aber sind zu aller Zeit Professionalität und Erfahrung der norwegischen Seeleute. Sie verfügen über immenses nautisches Wissen und kennen sich in den nordischen Gewässern bestens aus. Die Sicherheitsstandards gehören zu den höchsten der Welt. So muss ein Kapitän auch ein Lotsenpatent besitzen und zuvor fünf Jahre Erfahrung in norwegischen Gewässern gesammelt haben.

Die Hurtigrute ist fest in der Kultur Norwegens verwurzelt und verbindet die Familien der dünn besiedelten Region im Norden des Landes miteinander. Täglich legt ein Schiff in Bergen ab und nimmt mit einer Geschwindigkeit von 16 Knoten Kurs gen Norden, wo es nach Anlaufen von 34 Häfen in 6 Tagen das 1.335 nautische Meilen (2.473 km) entfernte Kirkenes erreicht. Hauptsaison ist der Sommer, dann sind alle Schiffe voll ausgelastet. Dann sind auch viele Touristen unterwegs, die die Mitternachtssonne erleben und einfach nur Urlaub machen wollen. Im Winter sind einige der großen Schiffe weltweit als Kreuzfahrtschiffe unterwegs. Die geringe Auslastung bei gleich bleibenden hohen Betriebskosten würde zu Hause zu enormen Verlusten führen. Der stetige Ausbau des Kreuzfahrtsektors soll eine effektivere Auslastung gewährleisten und die alte Postschifflinie am Leben erhalten. Vor dem Hintergrund eines möglichen Wegfalls von Subventionen, die seit den 1970-er Jahren immer wieder zur Diskussion steht, ist das kein leichtes Unterfangen.

Signale der Schiffe untereinander:

2x lang und 1x kurz (nordgehende Schiffe)
2x lang, 1x kurz und 1x lang (südgehende Schiffe)

Bei Tag ertönt zur Begrüßung ein lautes akustisches Signal; nachts wird per Scheinwerfer gegrüßt, wobei nordgehende Schiffe in der Regel zuerst grüßen.

Chronologische Geschichte der Hurtigrute

1875	erste Pläne für eine staatlich geförderte Schiffsverbindung
1889	August Kriegsmann Gran wird Sachverständiger für Dampfschiffangelegenheiten im Innenministerium
18.04.1891	erste Ausschreibung des Innenministeriums für eine Schnellverbindung zwischen Trondheim und Vadsø; die Strecke von Trondheim nach Svolvær soll zweimal pro Woche und in weniger als 48 Stunden befahren werden, anstatt in 4-5 Tagen wie bisher; wegen Nichtvorhandenseins von geeigneten Schiffen und der Dunkelheit im Winter gibt es kein positives Ergebnis
21.09.1892	zweite Ausschreibung zur Hurtigrute einmal in der Woche sowie zusätzliche Beförderung von Post
Nov. 1892	Kapitän Richard With von der Reederei VDS Chr. Frederiksen stellt seine Pläne beim Innenministerium in Oslo vor
20.01.1893	einstimmige Bewilligung des Parlaments von 70.000 Kronen für die Postroute
18.05.1893	Unterzeichnung eines Vier-Jahres-Vertrags zwischen der VDS und dem Staat für die Route Trondheim-Hammerfest im Sommer und Trondheim-Tromsø im Winter
1893	Gründung der Hurtigruten durch die private Reederei Vesteraalens Dampskibsselskap (VDS)
02.07.1893	erste offizielle Hurtigrutenfahrt über 11 Häfen zwischen Trondheim und Hammerfest mit Kapitän Richard With an Bord
1894	erste Broschüre für Touristen
1895	erstes norwegisches Schiff mit elektrischem Licht auf der Hurtigrute (D/S Olav Kyrre)
1896	erstes 188-seitiges Reisehandbuch; davon je 60 Seiten auf Englisch und Deutsch
1898	Ausweitung der Route bis Bergen mit drei Abfahrten wöchentlich
bis 1900	zwei weitere Linien: Trondheim–Bergen und Hammerfest-Vadso nehmen den Betrieb auf
1908	Verlängerung der Nordlinie von Vadso bis zum heutigen Wendepunkt, dem russlandnahen Kirkenes
1912	die D/S Finnmarken und D/S Polarlys kommen in die Hurtigrute; sie sind speziell für Küstenfahrten gebaut und gehören zu den

	größten norwegischen Passagierdampfern; ihre Form leitet den Übergang zu einer schlanken Schiffslinie ein
1915-1918	während des 1. Weltkrieges kommt es zu niedrigen Löhnen und hoher Preissteigerung, Importwaren werden knapp, Fahrten und ganze Teilabschnitte müssen ausgesetzt werden, um Kohle zu sparen
1916	der Kohleboykott Englands als Reaktion auf Lieferungen von Kupfererz und Fisch nach Deutschland beschert den Redereien enorme Verluste; der Staat übernimmt nach Gesprächen einen Teil der Lasten
1918-1930	neue Schiffe werden benötigt; die vorhandenen sind teilweise zwischen 37 und 54 Jahre alt und verbraucht; zudem benötigt der Markt noch mehr Tonnagen (Laderaum)
1920	Streiks in England lassen den Kohlepreis erneut ansteigen; durch Einbau leistungsschwächerer Dampfmaschinen und Star-Kontrapropellern sowie Stromlinienkonstruktionen des Schiffsrumpfes können die Betriebskosten spürbar gesenkt werden
1922	durch das Ausheben einer Fahrwasserrinne (die Idee hatte Richard With bereits 1873) können auch die Hauptinseln der Lofoten und Vesterålen an die Hurtigrute angeschlossen werden

Richard With (18.09.1846 in Tromsø-09.02.1930 in Oslo)

war ein Kapitän und Reeder. Zeitig wurde die Liebe zur Seefahrt in ihm erweckt. Schon während seiner Ausbildung begleitete er seinen Vater, einen Handelsschiff-Kapitän, regelmäßig auf der Strecke zwischen Vardø und Bergen. Nach bestandenem Steuermannsexamen heuerte er auf verschiedenen Handelsschiffen an und war lange Zeit auf der ganzen Welt unterwegs. 1873 kehrte er schließlich nach Hause zurück und kaufte sich in Tromsø ein kleines Boot. In den Sommermonaten war er mit diesem Boot unterwegs und brachte Fracht in die Städte des Südens. Schnell erkannte er, dass die immer wieder auftretenden Frachtengpässe nur durch eine feste Verbindung zwischen Nord- und Südnorwegen beseitigt werden könnten. 1875 kaufte With schließlich eine Handelsniederlassung in Risøyhamn und baute sie peu à peu aus. Durch seinen ausgeprägten Geschäftssinn konnte er schnell Gewinne erwirtschaften und sich sein erstes eigenes Schiff kaufen, die D/S Vesterålen. 1881 gründete er mit Geschäftspartnern eine Reederei, die VDS (Vesteraalske Dampskibsselskab A/S). Als Kapitän seines eigenen Schiffes befuhr er die norwegischen Küsten und die Gewässer der Lofoten. Das kam ihm bei der Ausschreibung der neuen staatlichen Postschiffroute zugute und er bekam den Zuschlag.

Am 2. Juli 1893 startete er mit der D/S Vesterålen die erste Hurtigrutenfahrt. Im Folgejahr wurde er alleiniger Direktor der VDS und erweitert die Route beständig.

17.07.1924	tragisches Unglück: die D/S Haakon Jarl und D/S Kong Harald kollidieren; zwölf Passagiere und fünf Besatzungsmitglieder sterben
13.07.1925	die D/S Dronning Naud setzt neue Maßstäbe; sie hat 1.500 Bruttoregistertonnen, gut ausgestattete Kabinen mit fließend kaltem und warmem Wasser, einem künstlichen Lüftungssystem und dem Promenadendeck zwischen 1. und 3. Klasse; Touristenfahrten sollen wieder frischen Wind erhalten
1928	alle Schiffe der Hurtigrute sind modernisiert; in der 3. Klasse gibt es keine Großkabinen mit Etagenbetten mehr; die Presse würdigt das lobend
06.10.1929	tragisches Unglück: die D/S Haakon 7 kollidiert mit einem Felsen; neun Besatzungsmitglieder und neun Passagiere kommen ums Leben
ab 1.6.1936	durchgehende Verbindung mit 14 Schiffen von 6 Reedereien von Bergen nach Kirkenes
1931-1937	Ausstattung aller Schiffe mit elektrischem Logbuch, Radiopeilsender und Echolot; sichere Navigation und Positionsmeldung sind nun garantiert
1938	es werden 298.800 Passagiere befördert
09.04.1940	Norwegen wird von den Deutschen angegriffen; viele Schiffe werden umgehend von der Marine rekrutiert; die restlichen sollen die Hurtigrute aufrechterhalten; der Startpunkt variiert mit der Frontlinie
1940-1945	zunächst versenken die Deutschen viele Schiffe der Hurtigrute, später sind es Russen und Briten in der Vermutung, dass hier Material für die Deutschen transportiert wird; die Finnmarkküste wird zum Kriegsschauplatz mit hohen Schiffsverlusten; zeitweilig müssen Kutter als Ersatzverkehr eingesetzt werden

1945	im 2. Weltkrieg sind 148 Besatzungsmitglieder, mehr als 280 zivile Passagiere und zwischen 175 und 200 deutsche Soldaten ums Leben gekommen; zu Kriegsende gibt es nur noch drei fahrtaugliche Schiffe
20.05.1945	Verabschiedung eines neuen Fahrplans mit zwei Verbindungen
1946	es werden neue Schiffe in Italien und Dänemark bestellt
05.09.1949	das erste neu gebaute Schiff nach dem Krieg, die M/S Erling Jarl, kommt aus Italien in die Hurtigrute; weitere Schiffe folgen
1950	es gibt wieder eine tägliche Verbindung
1953	die komplette Route von Bergen nach Kirkenes kann wieder gefahren werden
22.09.1954	die D/S Nordstjern läuft auf Grund; es gibt fünf Todesopfer
1956	Wiederaufnahme des regelmäßigen Liniendienstes
08.01.1958	ein Brand an Bord der M/S Erling Jarl fordert 14 Menschenleben; auf allen Schiffen werden daraufhin die Brandschutzbestimmungen verschärft
1959	die Hurtigrute hat 13 Schiffe
21.10.1962	tragisches Unglück: die D/S Sanct Svithun läuft auf Grund; 42 Menschen überleben nicht
1962	mit 569.579 Fahrgästen steigt die Zahl der Personenbeförderungen auf einen Höchststand
1976	die Hurtigrute hat 447.000 Passagiere
1978	vor dem Hintergrund sinkender Passagierzahlen und steigender Flugzahlen wird über die Zukunft der Hurtigrute diskutiert
26.01.1979	alle Schiffe der Hurtigrute werden völlig überraschend an eine kleine Reederei in Tromsø verkauft; der niedrige Kaufpreis und die weitgehend unbekannte Reederei sorgen für einen Schock
1980	die Hurtigrute hat 370.000 Passagiere
04.12.1982	die M/S Midnatsol hat erstmals seitliche Ladeluken; sie vereinfachen das Be- und Entladen
1978-1982	Rückgang der Passagierzahlen um 28 %, dafür nehmen Flugreisen deutlich zu
1983	Beendigung des Posttransportes und Schließung der Poststellen auf den Schiffen, damit keine Postlinie mehr, jetzt touristische Ausrichtung der Hurtigruten mit moderneren Schiffen und größerem Komfort

1984	Einführung des elektronischen Buchungssystems
1987	zu Lasten der Frachtkapazität bekommen die neuen Schiffe mehr Kabinen und einen großen Speisesaal für die Passagiere
1988	Jahr mit geringstem Personentransport mit 249.947 Fahrgästen
1991	der Zuschlag zum Bau von drei neuen Schiffen geht an die Volkswerft in Stralsund
1993	mit der M/S Kong Harald fängt ein neues Zeitalter mit Kreuzfahrtcharakter an
1994	Eröffnung des elektronischen Seewegs (Navigation mittels elektronischer Seekarten)
1996	die Hurtigrute hat 397.000 Passagiere
1998	die Hurtigrute hat 441.000 Passagiere
2000	die Hurtigrute hat 421.000 Passagiere
20.05.2001	die Regierung Norwegens erklärt die M/S Lofoten zum Nationaldenkmal; das Schiff hat eine traditionelle Innenausstattung mit viel Holz und ist zugleich Institution und Repräsentant der Hurtigrute
2001	die Hurtigrute hat 547.000 Passagiere; das bedeutet eine Steigerung um 22,5 % und das zweitbeste Ergebnis aller Hutigruten-Zeiten; es werden auch wieder deutlich mehr Autos transportiert
2002	zwei neue Schiffe, die M/S Finnmarken und M/S Trollfjord kommen zur Flotte hinzu; sie sind um die Hälfte größer als die vorherige Baureihe
2002	die Hurtigrute hat 421.000 Passagiere
12.03.2003	der Bau der neuen M/S Midnatsol wird mit finanzieller Unterstützung der Kriegsmarine so ausgeführt, dass sie im Notfall als Hospitalschiff eingesetzt werden kann (Hubschrauberlandeplatz, Stromversorgung für das Hospital auf dem Fahrzeugdeck, vier OPs und eine Intensivstation)
2005	infolge der Anschläge in London und Ägypten gibt es an Bord der Schiffe stärkere Kontrollen der Passagiere
22.03.2003	Taufe der MS Midnatsol in Hamburg durch Ruth Brandt, Witwe von Willy Brandt
2005	Nostalgiefahrten auf den Traditionsschiffen Nordstjernen und Lofoten in den Wintermonaten

01.3.2006	nach Fusion ist die Hurtigruten Group ASA alleiniger Betreiber der Linie und aller 13 Schiffe, die nun das neue Logo der Reederei, rotes „H“ auf schwarzem Schornstein, erhalten
2006	mit einer nostalgischen Jubiläumsfahrt nach Hamburg feiert die „Nordstjernen“ ihren 50. Geburtstag
2007	erste weltweite Expeditions-Seereise auf der Fram
2008	das 115-jährige Jubiläum wird gefeiert
31.10.2014	die Traditionslinie wird zu 90 % an die Investmentfirma TDR Capital in London verkauft; 10 % bleiben in norwegischer Hand

Fahrzeiten und Entfernungen von Bergen nach Kirkenes:

Strecke	Std./Min.	Nautische Seemeilen	km
Bergen - Florø	6:00	88	162,98
Florø - Måløy	2:00	28	51,86
Måløy - Tørvik	2:45	39	72,23
Tørvik - Ålesund	1:10	15	27,78
Ålesund - Molde	2:50	35	64,82
Molde - Kristiansund	3:20	48	88,90
Kristiansund - Trondheim	6:20	91	168,53
Trondheim - Rørvik	8:40	125	231,50
Rørvik - Brønnøysund	3:10	46	85,19

Brønnøysund - Sandnessjøen	2:45	36	66,67
Sandnessjøen - Nesna	1:10	15	27,78
Nesna - Ørnes	3:35	51	94,45
Ørnes - Bodø	2:45	39	72,23
Bodø - Stamsund	4:00	55	101,86
Stamsund - Svolvær	1:30	20	37,04
Svolvær - Stokmarknes	2:35	35	64,82
Stokmarknes - Sortland	1:10	15	27,78
Sortland - Risøyhamn	1:15	18	33,34
Risøyhamn - Harstad	2:00	22	40,74
Harstad - Finnsnes	3:00	44	81,49
Finnsnes - Tromsø	2:45	37	68,52
Tromsø - Skjiervøy	4:00	53	98,16
Skjiervøy - Øksfjord	3:10	45	83,34
Øksfjord - Hammerfest	2:55	44	81,49
Hammerfest - Havøysund	2:45	37	68,52
Havøysund - Honningsvåg	2:00	28	51,86
Honningsvåg - Kjøllefjord	2:00	29	53,71
Kjøllefjord - Mehamn	1:50	26	48,15
Mehamn - Berlevåg	2:40	36	66,67
Berlevåg - Båtsfjord	1:45	23	42,60
Båtsfjord - Vardø	2:45	39	72,23
Vardø - Vadsø	3:00	42	77,78
Vadsø - Kirkenes	1:45	24	44,45

Spuren der Wikinger

Seit dem 8. bis ins 11. Jahrhundert wurde die Nordsee von übermächtigen skandinavischen Kriegern, den Wikingern (Vikingr = altnordisches Wort für Seepirat), mit ihren schnellen Kriegsflotten dominiert. Bekannt sind die Wikinger auch unter dem Namen „Normannen". Diese waren nordgermanische Stämme (Schweden, Dänen, Norweger), die vor allen Dingen Fischerei und Schifffahrt betrieben. In dieser Zeit taten sie sich insbesondere als Eroberer, Räuber, Händler und Kolonisten hervor. Ihre weltweite Machtexpansion führte sie westwärts auf die britischen Inseln und ins Frankenreich. Sie griffen sogar Gebiete wie die Iberische Halbinsel und Nordafrika an. Das war die letzte Welle der germanischen Völkerwanderung.

Sie versetzten die Einwohner an den Küsten Nord- und Westeuropas in Angst und Schrecken. Mit ihren wendigen Langbooten landeten sie an den Ufern des Festlandes, brandschatzten Dörfer und Klöster, nahmen Gefangene und verbrannten alles, was sie nicht auf ihren Schiffen verstauen konnten.

„Der raue Nordwind schuf die Wikinger."

Sprichwort

Die norwegischen Wikinger galten als mutig, schlau und Furcht einflößend. Jedoch waren sie nicht nur räuberische Piraten, sie waren auch fleißige Bauern und Fischer, geschickte Händler und Kunsthandwerker, die wunderschönen Schmuck aus Holz und Metall herstellten. Nach ihren Raubzügen und Entdeckungsreisen zogen sie sich nicht selten wieder in ihre Siedlungen und Gehöfte zurück. Noch heute finden wir Nachweise von Religion, Kultur und Mythologie, die zeigen, dass die Wikinger nicht nur ein Volk von Räubern und Plünderern waren.

Als Wikingerzeit wird der Zeitraum von 793 (Überfall auf das englische Kloster Lindisfarne) bis 1066 (Schlacht bei Hastings und Tod von König Harald Hardrada) bezeichnet.

Neben großem Leid durch Mord und Plünderungen brachte das Zeitalter der Wikinger auch eine Vielzahl kulturgeschichtlich bedeutender Veränderungen. Hervorzuheben sind dabei die Konsolidierung der dänischen, norwegischen und schwedischen Königreiche, deren wirtschaftliche und kulturelle Vernetzung mit dem europäischen Kontinent sowie die Christianisierung des Nordens.

Viele Sehenswürdigkeiten erinnern an die Wikinger:

- ▷ Wikingermuseum in Borg auf den Lofoten; zu besichtigen ist u. a. der originalgetreue Nachbau eines 83 m langen Langhauses und ein nachgebautes Wikingerschiff
- ▷ Wikingerschiffmuseum Oslo; mit den weltweit am besten erhaltenen Wikingerschiffen
- ▷ Steinkreuz von Rygg am Gloppenfjord aus der späten Wikingerzeit (ca. 1.000 Jahre alt); es hat keltische und anglikanische Einflüsse und könnte eine Gebetsstätte gewesen sein. Bereits 1828 wurde der Runenstein auf der Insel Barmen am Barmsund erwähnt. Eine genaue Datierung war bisher nicht möglich. Wahrscheinlich war der Stein Bestandteil einer Grabanlage

▷ weitere Steinkreuze in Loen und Naustdal sowie Grabanlagen in Refvik, Myklebust und Oppstryn

Wikingerschiffe: Die Drachenboote (wegen ihrer Verzierungen mit Drachenköpfen an den beiden Steven) der Wikinger lagen durch ihre leichte, gestreckte und niedrige Bauweise sowie ihren stabilen Kiel sehr flach auf dem Wasser. Sie konnten durch die Brandung hindurch flache Strände direkt anlaufen und von dort auch wieder ablegen. Diese schnellen Kriegsschiffe waren somit ideale Wasserfahrzeuge für rasche Überfälle auf Flüssen oder flachen Küstengewässern und verschafften den Wikingern einen Überraschungsmoment und militärischen Vorteil. Die Schiffe konnten gesegelt oder bei Windstille gerudert werden. Auch ließen sie sich durch untergelegte Rollen über kurze Landwege ziehen. Zusätzlich wurden die Kriegsschiffe in Gefechtslage zum schnellen Manövrieren, in engen Gewässern und auf der Flucht vor Feinden von zahlreichen seemännisch erfahrenen Kriegern gerudert. Das rechteckige Segel wird als Rahesegel bezeichnet und konnte bei Bedarf umgelegt werden. Zum Rudern wurden gehobelte oder geteerte Riemen benutzt. Zur Schiffsmannschaft mit 30-50 Ruderern gehörten keine Sklaven, sondern meist freie „Nordmänner“. Nicht selten waren sie sogar als Anteilseigner des Bootes unmittelbar an den Handelsgewinnen und den erbeuteten Schätzen beteiligt. Sicherlich profitierten dadurch Kampfgeist und Durchschlagskraft dieser mobilen mittelalterlichen Schiffsflotten.

Reise-Infos von A bis Z
Nordkap

Alkohol

Bekanntermaßen ist Alkohol in Norwegen extrem teuer. In Supermärkten gibt es außer Bier und „rusbrus“ (sehr geringer Alkoholgehalt) keinen Alkohol zu kaufen. Im „Vinmonopol“ (staatlich) gibt es hochprozentigen Alkohol und Wein. Allerdings findet man nicht überall ein „Vinmonopol“.

Die meisten Cafés haben keine Schankerlaubnis, viele Restaurants hingegen schon.

Wegen der hohen Preise überlegen einige Reisende, Alkohol nach Norwegen mitzunehmen. Dabei sind folgende Einfuhrbeschränkungen unbedingt zu beachten: zollfrei dürfen 2 l Bier, 1 l Spirituosen (bis 60 %) und 1 l Wein (bis 22 %) oder 2 l Bier und 2 l Wein (dafür aber keine Spirituosen) eingeführt werden.

Zudem muss man mindestens 20 Jahre alt sein, um Spirituosen und 18 Jahre, um Bier und Wein einführen zu dürfen.

Tipp: Richten Sie sich darauf ein, dass der Zoll „vorbereitet“ ist und Sie durchaus damit rechnen können, kontrolliert zu werden. Schmuggel ist kein Kavaliersdelikt, sondern eine Straftat.

An- und Abreise

Es gibt verschiedene An- und Abreisemöglichkeiten, unter denen Sie wählen können:

▷ **mit dem Flugzeug** entweder non-stop mit SAS (💻 www.flysas.com) bzw. Norwegian (💻 www.norwegian.no) oder KLM (💻 www.klm.com) mit Umsteigen in Amsterdam oder mit den Billigfliegern wie Ryan Air (💻 www.ryanair.com) bzw. Air Berlin (💻 www.airberlin.com). Fliegen ist auf jeden Fall die schnellste (ca. 2 Stunden) und preisgünstigste Möglichkeit, um nach Norwegen zu kommen.

Prüfen Sie auch das An- und Abreisepaket des Veranstalters, nicht selten sind diese Charterflüge von einigen deutschen Flughäfen günstiger als eine individuelle Buchung und entspannter ist das Rundum-Sorglospaket obendrein.

▷ **mit dem Auto** über Dänemark und Schweden

Die Øresund-Verbindung (💻 www.oeresundsbron.com) ist mautpflichtig und nicht günstiger oder gar schneller als die Fähre. Am preiswertesten sind Nachtfahrten außer an Wochenenden und Feiertagen.

▷ mit Auto und Fähre

- von Kiel nach Oslo mit Color Line (💻 www.colorline.de),
- von Hirtshals (Dänemark) nach Stavanger, Kristiansand oder Bergen mit Fjord Line (💻 www.fjordline.de),
- von Rostock oder Saßnitz nach Trelleborg (Schweden) oder von Puttgarden nach Rødby (Dänemark) bzw. von Rostock nach Gedser (Dänemark) mit Scandlines (💻 www.scandlines.de)
- von Rostock nach Trelleborg (Schweden) oder von Travemünde nach Trelleborg mit TT-Line (💻 www.ttline.de)
- von Fredrikshavn (Dänemark) nach Oslo (Norwegen) mit Stena Line (💻 www.stenaline.de)

Da die Preise für die Überfahrt mit der Fähre sehr unterschiedlich sind, lohnt ein Vergleich zwischen den einzelnen Linien. Hinzurechnen müssen Sie auch die Benzinkosten für die Fahrstrecken mit dem Auto - und Benzin ist in Norwegen nicht billig (Stand Juni 2016: 1 Liter Super = € 1,59, 1 Liter Diesel = € 1,41).

Bei einer Rundreise (z. B. Bergen-Kirkenes-Bergen) ist die PKW-Mitnahme nicht möglich, für Teilstrecken (außer auf den Schiffen „Nordstjernen“ und „Lofoten“) ist es jedoch eine interessante Option.

Zu beachten ist, dass die Fahrzeuge folgende Maße jedoch nicht überschreiten dürfen:

Schiff	Länge (in m)	Breite (in m)	Höhe (in m)	Anzahl Stellplätze
M/S Finnmarken	6,30	2,40	2,20	35
M/S Kong Harald	6,40	2,40	2,40	20
M/S Midnatsol	6,40	2,40	2,40	35
M/S Nordkapp	6,40	2,40	2,40	20
M/S Nordlys	6,40	2,40	2,40	20
M/S Nordnorge	6,40	2,40	2,40	35
M/S Polarlys	6,40	2,40	2,30	20
M/S Richard With	6,40	2,40	2,40	20
M/S Trollfjord	6,30	2,40	2,20	35
M/S Vesterålen	5,40	2,20	1,90	35

Es ist nicht erlaubt, Wohnmobile oder Wohnwagen mitzunehmen. Die Zahl der Stellplätze ist begrenzt, Sie sollten daher unbedingt rechtzeitig reservieren.

Zum Einschiffen müssen Sie, je nach Hafen 30 Min. bis 2 Stunden vor der Abfahrt des Schiffes im Hafen sein. Während der Fahrt ist das Autodeck geschlossen, es öffnet nur zur Hafenein- und Ausfahrt.

Devisen

Norwegische und andere Währungen dürfen bei Ein- und Ausreise unbeschränkt mitgeführt werden. Übersteigt deren Gegenwert allerdings NOK 25.000 muss die Gesamtsumme auf einem speziellen Formular deklariert werden. Hierzu muss der rote Ausgang beim Zoll genutzt werden.

Diplomatische Vertretungen

(D) Norwegens in Deutschland: Königlich Norwegische Botschaft, Rauchstraße 1, 10787 Berlin, ☎ 030/50 50 58 600, FAX 030/50 50 58 601, Mo-Fr 9:00-16:00, Konsularabteilung 9:00-12:00, emb.berlin@mfa.no

♦ Deutschlands in Norwegen, Botschaft der Bundesrepublik Deutschland, Oscars gate 45, 0244 Oslo, ☎ 00 47/23 27 54 00, FAX 00 47/22 44 76 72, Mo-Fr 8:30-11:30, info@oslo.diplo.de

(A) Norwegens in Österreich, Königlich Norwegische Botschaft, Reisnerstraße 55-57, 1030 Wien, ☎ 01/716 60, FAX 01/716 60 99, Mo-Fr 8:30-12:00 und 13:00-16:00, emb.vienna@mfa.no

♦ Österreichs in Norwegen, Österreichische Botschaft, Thomas Heftyesgate 19-21, 0244 Oslo, ☎ 00 47/22 54 02 00, FAX 00 47/22 55 43 61, telefonische Erreichbarkeit Mo-Fr 9:00-16:30, oslo-ob@bmeia.gv.at

(CH) Norwegens in der Schweiz, Königlich Norwegische Botschaft, Bubenbergplatz 10, 3011 Bern, ☎ 00 31/3 10 55 55, FAX 00 31/3 10 55 51, Mo-Fr 9:00-12:00 und 13:00-16:00, emb.bern@mfa.no

♦ der Schweiz in Norwegen, Schweizerische Vertretung in Norwegen, Bygdøynesveien 13, 0244 Oslo, ☎ 00 47/22 54 23 90, Mo-Do 8:30-12:00 und 13:00-16:30, Fr 8:30-14:00, osl.vertretung@eda.admin.ch

Ein- und Ausfuhrbestimmungen

Bis zu einem Wert von NOK 6.000 dürfen folgende Waren zollfrei nach Norwegen eingeführt werden:
Spirituosen: über 22 und bis 60 Vol.-% (1 Liter); **Wein:** über 2,5 und bis 22 Vol.-% (1,5 Liter); **Bier:** über 2,5 Vol.-% (auch Starkbier) oder Alcopop über 2,5 und bis 4,7 Vol.-% (2 Liter) - Die Freimenge für Spirituosen kann in 1,5 Liter Wein bzw. Bier oder Alcopop umgewandelt werden. Die Freimenge für Wein kann in Bier oder Alcopop im Verhältnis 1:1 umgewandelt werden. Wein sowie Bier und Alcopop können nicht in Getränke mit einem höheren Alkoholgehalt umgewandelt werden.

Tabakwaren: 200 Zigaretten oder 250 g andere Rauchtabakwaren sowie 200 Blatt Zigarettenpapier - Die Freimenge für Tabakwaren kann in 1,5 Liter Wein bzw. Bier oder Alcopop umgewandelt werden.

Aus den Staaten des europäischen Wirtschaftsraums dürfen max. 10 Kilogramm Fleisch, Wurst, Milch und Milchprodukte (exklusive Katzen- und Hundefutter) eingeführt werden.

Bei der Mitnahme von Hunden und Katzen aus allen EU-Ländern benötigen Sie einen gültigen EU-Heimtierausweis. Das Tier muss damit zu identifizieren sein und ein behördlich ermächtigter Tierarzt muss Tollwutimpfungen und Bandwurmbehandlungen bescheinigen. Nach dem 3.7.2011 gekennzeichnete Tiere benötigen einen Mikrochip. Vor diesem Stichtag reicht eine gut lesbare Tätowierung. Hunde müssen 24-120 Stunden vor der Einreise gegen Bandwürmer behandelt worden sein.

Folgende Dinge dürfen ohne Sondergenehmigung nicht eingeführt werden:
Medikamente und Giftstoffe (außer kleine Mengen an Medikamenten für den Eigenverbrauch), alkoholische Getränke mit mehr als 60 %, Waffen, Munition, Feuerwerkskörper, Kartoffeln, Vögel, exotische Tiere, Pflanzen und Samen.

Fotografieren und Filmen

Ein allgemeines Fotografierverbot gibt es nicht. Grundsätzlich sollten jedoch keine militärischen Einrichtungen fotografiert werden. In Museen ist das Fotografieren meist erlaubt, oft muss eine Gebühr dafür gezahlt werden. Zurückhaltung ist in Kirchen, insbesondere während der Messen, geboten. Speicherkarten und Zubehör für Digitalkameras gibt es im Prinzip überall zu kaufen. Sie sind teurer als in Deutschland. Die Schönheit der Natur, das besondere Licht und malerische Spiegelungen im Wasser verführen zum Fotografieren. Sie sollten sich daher zu Hause mit reichlich Speicherkapazität eindecken.

Geld/Kreditkarten

Die Norwegische Krone (NOK) auch „kroner" genannt ist seit 1875 offizielle Landeswährung. Seit 2012 gibt es keine Øre-Münzen mehr.

Es gibt folgende Geldmünzen: 1 Krone, 5 Kronen, 10 Kronen und 20 Kronen und folgende Banknoten: 50 Kronen, 100 Kronen, 200 Kronen, 500 Kronen und 1.000 Kronen. Die Münzen der 10 und 20 Kronen ziert das Portrait des derzeitigen norwegischen Königs. Norwegens bekanntester Maler Edward Munch und sein Gemälde „Die Sonne" zieren den 1.000-Kronen-Schein.

Die Norwegische Krone gilt als stabil und sicher. Ab 2017 soll es neue, futuristische Banknoten geben. Die Motive sind aus einem Wettbewerb hervorgegangen.

Wechselkurs: € 1 = NOK 9,37 (Stand: Juni 2016)

Sie sollten immer etwas Bargeld dabeihaben, da in Geschäften, Museen und Restaurants immer mit der Landeswährung bezahlt werden muss. Den günstigsten Umtauschkurs erhalten Sie am EC-Automaten. Fast überall, selbst bei kleineren Beträgen, werden EC-Karten und die meisten Kreditkarten (VISA, MasterCard, Diners Club) akzeptiert. Zahlen mit ausländischen Kreditkarten ist nicht in allen Supermärkten und Lebensmittelgeschäften möglich.

Kriminalität

Da die Kriminalität in Norwegen im Verhältnis zu anderen EU-Staaten vergleichsweise gering ist, müssen keine besonderen Sicherheitsregeln beachtet werden. Mit etwas gesundem Menschenverstand ist für Urlauber mit wenig Gefahr zu rechnen. So sollten Sie Wertgegenstände nicht sichtbar im Fahrzeug liegen lassen, Ihr Gepäck stets im Auge behalten, nicht die kompletten Finanzen an einem Ort aufbewahren und sicherheitshalber eine Kopie Ihres Passes oder Personalausweises anfertigen.

Medizinische Hinweise, Medikamente

Es werden keine besonderen Impfungen benötigt. In einigen Gebieten kann es zwischen April und Oktober zur Übertragung von FSME (Frühsommer-Meningoenzephalitis) durch Zeckenbiss kommen. Prüfen Sie daher eine entsprechende Schutzimpfung.

Leitungswasser kann ohne Bedenken getrunken werden.

Der Standard in den Krankenhäusern ist sehr hoch; meist wird auch Englisch gesprochen.

Die Leistungen des zahnärztlichen Notdienstes müssen grundsätzlich vor Ort und in bar bezahlt werden. Für alle anderen Leistungen benötigen Sie die European Health Insurance Card (Europäischer Krankenversicherungskarte). Sie erhalten diese bei Ihrer Krankenkasse.

Grundsätzlich ist der Abschluss einer privaten Auslandskrankenversicherung mit Rücktransport zu empfehlen.

Öffnungszeiten

In Norwegen gibt es keine einheitlichen Öffnungs- und Ladenschlusszeiten. Geschäfte öffnen meist zwischen 9:00 und 10:00 und schließen zwischen 17:00 und 18:00; samstags früher. Supermärkte haben auch sonntags und in den Abendstunden geöffnet. In einigen Geschäften großer Städte wird bis 20:00 gearbeitet.

Alkohol, mit Ausnahme von Bier, gibt es nur in den staatlichen Vinmonopolet-Läden zu kaufen. Auch Bier darf im Supermarkt nur bis 20 Uhr verkauft werden, danach werden die Regale abgedeckt.

Die Angabe von Öffnungszeiten sieht nicht selten so aus: 9-20 (16); was bedeutet: Mo-Fr 9:00-20:00, Sa 9:00-16:00.

Post

Postämter haben in der Regel Mo-Fr von 8:00/8:30-17:00 und Sa 8:00-13:00 Uhr geöffnet. Postfilialen in Lebensmittelgeschäften haben zu dort geltenden Geschäftszeiten geöffnet. Man kann aber davon ausgehen, dass dort, wo es Postkarten zu kaufen gibt, auch Briefmarken zu bekommen sind.

Ein Brief (bis 20 g) oder eine Postkarte muss innerhalb Europas mit NOK 9 und außerhalb Europas mit NOK 10 frankiert werden.

Rauchen

In öffentlichen Gebäuden und öffentlich zugänglichen Plätzen ist Rauchen nicht gestattet. Nichtraucherzonen sind ebenfalls: alle Lokalitäten, in denen Speisen oder Getränke serviert werden, ebenso öffentliche Verkehrsmittel und Flugzeuge.

200 Zigaretten oder 250 g Tabak dürfen zollfrei nach Norwegen eingeführt werden.

Zigaretten und Tabak darf nur kaufen, wer älter als 18 Jahre ist.

Blick aus dem gläsernen Fahrstuhl in die Eingangshalle

Rollstuhlfahrer und Menschen mit Behinderungen

Gerade für Menschen mit Rolli oder anderen Mobilitätseinschränkungen ist Norwegen ein beliebtes Urlaubsland. Gesetzliche Bestimmungen zur Barrierefreiheit regeln den behindertengerechten Zugang zu Gebäuden und Neubauten mit dem sogenannten „Universal Design for All".

Auch im Bereich des barrierefreien Tourismus ist Norwegen vorbildlich. Es gibt viele rolligerechte Freizeitmöglichkeiten, Hotels und Restaurants.

Sicherheitshinweise

Für Norwegen gibt es im Augenblick keinerlei landesspezifische Sicherheitshinweise.

Notrufnummern:

112	Polizei
911	Polizei (vom Handy aus)
110	Feuerwehr
113	Rettungsdienst/Notarzt
120	Notfälle auf See/Seenotrettung
22591300	Informationen bei Vergiftungen
75559000	Seenotrettungszentrale Nord-Norwegen

Sperren von Bank-Karten:

Mastercard/Visa

☏ Norwegen, 00 47/81 50 05 00

☏ Deutschland, 00 49/69 79 33 19 10

American Express

☏ Norwegen, 00 47/22 96 08 00

☏ Deutschland, 00 49/69 97 97 10 00

Diner's Club

☏ Norwegen, 00 47/21 01 50 00

☏ Deutschland, 00 49/69 66 16 61 23

Girocard (früher EC-Karte)

☏ Deutschland, 00 49/11 61 16

Deutsche Botschaft (Bereitschaftsdienst) ☏ 00 47 90 85 08 02

Souvenirs/Einkaufen

Wer kennt es nicht: das bekannteste Mitbringsel aus Norwegen - den klassischen Strickpullover mit Norwegermuster. Stricken hat hier eine lange Tradition und die Auswahl an Pullovern, Mützen, Schals, Stulpen etc. ist riesig. Schön und praktisch sind auch Produkte aus norwegischem Wildleder wie Taschen, Stiefel, Gürtel, Jacken und Westen.

Weitere beliebte Mitbringsel sind elegantes Glas und Keramik, Rentier- und Ziegenfelle, Samenmesser, Trolle, Plüschtiere, Kunsthandwerk, Zinngefäße und Porzellan. Zinn aus Norwegen ist nicht mit Blei vermischt und somit sehr rein. Gern werden Zinnteller tatsächlich als Essgeschirr verwendet.

Insider kaufen echte Schweizer Uhren zu günstigen Preisen sowie hochwertigen Gold- und Silberschmuck aus angesehenen Schmieden.

Norwegen wird nachgesagt, dass es sehr teuer ist. Das ist nur bedingt richtig. Grundsätzlich ist die Mehrwertsteuer mit 25 % (Lebensmittel 15 %) deutlich höher als in Deutschland; auch Alkohol und Tabakwaren werden wie echte Luxusgüter extrem hoch besteuert. Dafür liegen die Einkommen der Norweger deutlich über denen in Deutschland und die Kosten für Strom und Telefon sind dennoch viel günstiger. Für Touristen geht diese Rechnung allerdings nicht auf.

Da Sie auf der Reise zumeist an Bord versorgt werden und auch hier übernachten, hält sich die Versuchung, übermäßig viel Geld auszugeben, in Grenzen. Dennoch sei gesagt, dass Norwegen für Menschen mit „Geiz-ist-geil-Mentalität" nicht das richtige Urlaubsziel ist.

Spar-Tipp: Es gibt in Norwegen 4.000 Geschäfte mit Tax Free (Logo meist im Schaufenster, sicherheitshalber nachfragen). Ausländische Touristen können sich ab einem Mindestverkaufspreis von 315 NOK (290 NOK bei Lebensmitteln) die

Norwegersocken

Mehrwertsteuer bei der Ausreise erstatten lassen, wenn sie diese Waren tatsächlich außer Landes bringen. Die Ware muss unbenutzt sein und innerhalb eines Monats nach Erwerb ausgeführt werden. Sie benötigen: die Waren, das Global Blue Tax Free-Formular und einen Reisepass bzw. Personalausweis. Weitere Auskünfte unter: 💻 www.global-blue.com.

Auch ein schönes Souvenir: Herzkissen

Telefonieren

Die Ländervorwahl für Norwegen ist 0047 bzw. +47. Danach folgt sofort die Rufnummer, da es keine gesonderte Vorwahl für Städte oder Regionen gibt.

Es gibt sie hier noch: öffentliche Telefonzellen. Sie können mit Münzen von NOK 1, 5, 10 und 20 bzw. € 0,50, 1 und 2 gespeist werden. Minimum sind NOK 5 oder € 1. Kartentelefone sind auf dem Vormarsch, dort kann mit Kreditkarte bezahlt werden!

Insgesamt hat Norwegen eine gute Mobilfunknetzabdeckung, lediglich im Gebirge und auf dem Wasser können punktuell Verbindungsprobleme auftreten. Alle Mobiltelefonanbieter haben Vereinbarungen für Roaming, so dass eigene

Mobiltelefone im norwegischen Netzwerk benutzt werden können. Diese Option ist zwar nicht die preiswerteste, aber die einfachste. Sie können die Kosten deutlich reduzieren, wenn Sie auf lokale Wi-Fi-Netzwerke zugreifen. Die gibt es in der Regel kostenfrei in Cafés, Restaurants, Shoppingmalls und Tankstellen.

Toiletten

Saubere öffentliche Toiletten sind in der Regel in der Nähe von Sehenswürdigkeiten, in Bahnhöfen und Einkaufscentern zu finden.

Kein Witz: Die Stadt Bergen hat eigens eine Karte mit öffentlichen Toiletten.

Versicherungen

Krankenversicherungsschutz mit Rückholversicherung ist wie für alle anderen Reisen genauso auch für Norwegen zu empfehlen.

Wer lange Zeit im Voraus bucht, sollte den Abschluss einer Reiserücktrittskostenversicherung (inkl. Reiseabbruch) zumindest in Erwägung ziehen.

Visa/Reisepass

Reisende mit deutscher Staatsbürgerschaft benötigen für die Einreise nach Norwegen einen gültigen Personalausweis oder Reisepass. Dieser muss auch beim Einchecken am Hurtigruten-Terminal oder an Bord vorgelegt werden.

Für die Einreise nach Norwegen reicht der Personalausweis.

Zollbestimmungen

Siehe Ein- und Ausfuhrbestimmungen oder www.norwegen.no/travel/zoll.

Einfuhr, Kauf und Verkauf von Drogen ist verboten. Zuwiderhandlungen haben in der Regel hohe Haft- und Geldstrafen zur Folge. Das gilt auch für sogenannte „weiche Drogen“ wie Cannabis.

Auf dem Schiff von A bis Z

Abfahrtszeiten

Die Abfahrtszeiten richten sich nach dem Fahrplan Ihres Schiffes. Dieser liegt entweder in der Kabine aus oder ist an der Rezeption erhältlich. Bereits zu Hause können Sie den Fahrplan unter:

💻 www.hurtigruten.com/de/Fahrplan/Fahrplan/fahrplan/ studieren.

Wird ein Hafen für weniger als 30 Min. angelaufen, wird dieser nicht im Fahrplan aufgeführt. Erkundigen Sie sich an der Rezeption, ob Sie ausreichend Zeit haben, von Bord zu gehen. Die Abfahrtszeiten des Schiffes sind in jedem Fall einzuhalten, da Ihr Schiff pünktlich abfahren wird!

Alkohol

Alle Hurtigrutenschiffe haben eine Ausschankkonzession. Die Preise für Spirituosen sind in Norwegen und folglich auch an Bord spürbar höher als in Deutschland.

Jeder Reisende darf maximal zwei Flaschen Alkohol mit an Bord nehmen. Sollten Sie an Land Alkohol kaufen muss die Rezeption darüber informiert werden. Bitte beachten Sie, dass in den öffentlichen Bereichen der Schiffe kein selbst mitgebrachter Alkohol getrunken werden darf.

Alleinreisende/Singles

Eine Hurtigrutenreise ist auch für Alleinreisende ideal. Sie kommen schnell in Kontakt und bewegen sich hier (aus Frauensicht betrachtet) auf „sicherem Terrain“. Oft werden Sie bereits beim Essen zu anderen Alleinreisenden platziert. Nicht selten ergeben sich daraus nette Urlaubsbekanntschaften.

Anlegestellen

Bei kurzzeitigem Verlassen des Schiffes sollten Sie möglichst in Sichtweite bleiben. Bei längeren Landgängen ist es sinnvoll, sich die Adresse des Hafens zu notieren, um diesen auch sicher wiederzufinden. An der Rezeption gibt es meist auch einen Stadtplan.

Ausflüge

Wichtiger Bestandteil der Hurtigruten-Reise sind die Ausflüge. Die Liegezeit in den 34 Häfen der Route variiert zwischen 15 Min. und 6 Stunden und ist damit oft sehr kurz. Das Angebot ist vielfältig. Es empfiehlt sich, bereits zu Hause eine Vorauswahl zu treffen. Es ist üblich, dass vorab buchbare Ausflüge und

Ausflugspakete angeboten werden. An Bord können dann oft nur noch einzelne Ausflüge auf Basis zur Verfügung stehender freier Restplätze gebucht werden. Allgemein ist der Paketpreis günstiger als die Summe der Einzelausflüge.

Landausflüge können bis spätestens vier Wochen vor Reiseantritt gebucht werden, eine Buchung bis zwei Wochen vor Reisebeginn ist bei Zahlung mit Kreditkarte möglich.

In der Regel gibt es sowohl eine maximale als auch eine Mindestteilnehmerzahl. In Ausnahmefällen kann es wegen nicht erreichter Mindestteilnehmerzahl oder außerordentlicher Wetterverhältnisse zur Absage eines Ausflugs kommen. Die Kosten werden in einem solchen Fall an Bord in der Landeswährung erstattet.

Seit 2016 erstrahlen die beliebten Klassiker der Hurtigruten in neuem Glanz. Sie können spezielle Postschiffrouten für Musik- und Kulturliebhaber buchen.

Einige Ausflüge sind jahreszeitenabhängig. So finden Hundeschlittenfahrten oder eine Safari mit dem Schneemobil nur im Winter und zeitigen Frühjahr statt, während Stadtrundfahrten oder –rundgänge ganzjährig angeboten werden.

Alle Ausflüge werden von qualifizierten Reiseleitern begleitet.

Fakultativ angebotene Ausflüge sind nicht Bestandteil des Ausflugspakets und können ausschließlich an Bord gebucht werden.

Zusätzlichen Kosten, die durch Ausflüge zum Reisepreis hinzukommen, dürfen nicht unterschätzt werden und sollten unbedingt ins Budget mit eingeplant werden. Viele Reisende sind auch froh sich im Urlaub mal um nichts kümmern zu müssen. Großer Vorteil der gebuchten Ausflüge ist, dass das Schiff auch dann wartet, wenn sich die Gruppe etwas verspäten sollte.

Wer sich selbst organisiert, kann das Reisebudget entlasten, braucht aber ausreichend Zeitpuffer, um pünktlich an Bord zurück zu sein, einen Stadtplan und zur Sicherheit die Telefonnummer eines örtlichen Taxiunternehmens.

Spartipp

Sie müssen nicht alle angebotenen Ausflüge buchen. Informieren Sie sich über die markantesten, schönsten und wichtigsten Sehenswürdigkeiten entlang der Strecke und erkunden Sie diese privat. Mit etwas Unternehmungsgeist können Sie in den meisten Fällen auch zu Fuß oder per Taxi viel sehen. Damit haben Sie ein größeres Maß an Selbstbestimmung. Entsprechende Vorschläge finden Sie bei den Beschreibungen der einzelnen Reisestationen weiter hinten im Buch.

Husky-Tour © Klaus Stursberg

Ausschiffung

Informationen zur Ausschiffung erhalten Sie bereits einen Tag vorher mit dem Bordprogramm.

Um den ganzen Ablauf so unkompliziert wie möglich zu gestalten, sollten Sie den Gepäckservice nutzen. Wenn Sie Ihren Koffer bis spätestens 24:00 an den nächstgelegenen Fahrstuhl stellen, bringt die Crew ihn an Land. Dort übernehmen Sie Ihr Gepäck später und laden es selbst in den Bus. Wenn ihr Flugzeug am Abreisetag bereits zwischen 11:00 und 12:00 startet, ist es wichtig, sich an der Rezeption einen blauen Kofferanhänger zu holen. Ihr Gepäck hat dann Priorität.

Die Kabine muss bis 8:00 geräumt werden. Es bleibt dann genügend Zeit zum Frühstücken. Wenn gewünscht, kann das Handgepäck währenddessen im Gepäckraum nahe der Rezeption aufbewahrt werden.

Behindertengerechte Einrichtungen

Außer der M/S Lofoten verfügen alle Schiffe über Fahrstühle und mindestens eine rollstuhlgerechte Kabine. Wenn Sie einen Rollstuhl benötigen, müssen Sie diesen selbst mitbringen. Er muss zusammenklappbar sein und Standardmaße haben. Ein behinderter Fahrgast muss in Begleitung reisen, da die Crew keine Unterstützungs- und Hilfeleistungen übernehmen kann.

Bitte erkundigen Sie sich bereits bei der Buchung, ob spezielle Voraussetzungen, z. B. besondere Vorrichtungen in Kabine und Bad, die für Sie notwendig sind, erfüllt sind.

Es wird darum gebeten, dass Passagiere mit körperlichen Einschränkungen oder solche, die einer speziellen Betreuung bedürfen, an Bord Kontakt mit der Reiseleitung aufnehmen. Einige Landausflüge und Aktivitäten sind für Gäste mit körperlichen Einschränkungen nicht durchführbar. Der Reiseleiter wird in Ihrem Einzelfall vor Ort prüfen, welcher Ausflug geeignet ist und welcher nicht. Auf eine Vorabbuchung sollten Sie daher verzichten.

Wenn Sie trotz Rollstuhls einige Schritte selbstständig laufen können, ist es möglich, die angebotenen Transfers wahrzunehmen. Der zusammenklappbare Rollstuhl wird dann mit dem Gepäck im Bus verstaut. Ist dies nicht möglich, müssen die Transfers selbst organisiert werden. Hurtigruten bietet auch dafür seine Hilfe an.

Besucher

An Bord sind aus Sicherheitsgründen keine Besucher gestattet.

Bordarzt

An Bord der Hurtigrutenschiffe gibt es weder Arzt noch Apotheke. Die Offiziere haben aber eine Erste-Hilfe-Ausbildung, es gibt eine Krankenkabine und Erste-Hilfe-Ausrüstung. Durch die Nähe zum Festland und die geringen Distanzen zwischen den einzelnen Häfen ist im Notfall eine schnelle medizinische Versorgung gewährleistet.

Dringend zu empfehlen ist der Abschluss einer privaten Auslandskrankenversicherung. Achten Sie darauf, dass die Police einen Rücktransport beinhaltet. Es macht wenig Sinn, einen Selbstbehalt zu vereinbaren.

Es ist grundsätzlich ratsam, regelmäßig benötigte Medikamente in ausreichender Anzahl mitzuführen. Wer auf die Einnahme von Medikamenten angewiesen ist, sollte sie stets im Handgepäck mitführen.

Die Hurtigruten können keine Dialysepatienten an Bord versorgen.

Bordkarte/Kabinenschlüssel

Die Bordkarte hat viele Funktionen und ist ein wichtiges Utensil auf der Reise. Sie dient auf dem Postschiff als Kabinenschlüssel, Hauptstromschalter in der Kabine und als Kontrolle, ob Sie nach dem Landgang wieder an Bord sind.

☺ Benutzen Sie ein Schlüsselband mit Karabiner (gibt es an Bord zu kaufen). Sie werden die Bordkarte ständig benötigen und schützen sie damit vor Verlust.

Bordfunk/Durchsagen

Prinzipiell erfolgen alle Durchsagen in Norwegisch, Englisch und Deutsch. Bleiben Sie gelassen, wenn Sie die gleiche Durchsage in drei Sprachen hören, Sie sind schließlich im Urlaub!

Der Bordfunk ertönt nur in den Gemeinschaftsräumen und ist daher in der Kabine meist nicht gut zu verstehen. Über Ihr Kabinentelefon ist die Durchsage jedoch bestens zu hören. Nehmen Sie also den Hörer ab, wenn Sie nicht auf den Flur gehen wollen.

Bordsprache

Offizielle Bordsprachen sind Norwegisch und Englisch. Das Personal an der Rezeption, die Reiseleitung und einige Mitglieder der Crew sprechen auch Deutsch. Tagesprogramme, Menükarten und Hafeninformationen gibt es normalerweise auch in Deutsch.

Cafeteria

In der Cafeteria gibt es meist rund um die Uhr Getränke, Kuchen, Waffeln, heiße und kalte Snacks.

Decks/Deckplan

Der Deckplan mit Fluchtwegen, Kabinen und allen öffentlichen Bereichen wie Restaurant und Cafeteria hängt in den Fluren des Schiffes zur Orientierung aus. Meist ist er in der Nähe von Treppen zu finden.

Unter folgenden Links können Sie die Deckpläne aller Hurtigruten-Schiffe bereits vor Ihrer Reise checken:

- ▷ www.schiffsreisen-navigator.de/postschiffreisen/decksplan-hurtigruten/
- ▷ www.norwegen-baer.de/alle_reisen/hurtigruten/Hurtigruten_Schiffe_Decksplan.html

Geld/Bezahlen

Bordwährung ist die norwegische Krone (NOK). Sie können mit allen gängigen Kreditkarten (VISA, American Express, MasterCard und Diners Card) an Bord zahlen. Auf der M/S Lofoten geht es nur mit VISA und MasterCard. Kreditkarten müssen noch wenigstens drei Monate über das Reiseende hinaus gültig sein. EC-Karten werden auf keinem der Schiffe akzeptiert.

Zum bargeldlosen Bezahlen gibt es an Bord das Cruise Card System. Während der Reise wird eine Sammelrechnung für die hinterlegte Kreditkarte zusammengestellt, die am Reiseende von Ihnen bezahlt wird. Dafür benötigen Sie die entsprechende PIN-Nummer.

Grundsätzlich empfiehlt es sich, bereits im Voraus norwegische Kronen zu tauschen. Eine gute Gelegenheit bietet sich in aller Regel auf dem Flughafen. An Bord können nur geringe Mengen Euros gewechselt werden.

Fahrplan

Die Hurtigruten-Schiffe fahren, genau wie Busse und Bahnen, nach einem festen Fahrplan. Täglich zur gleichen Zeit läuft ein Schiff vom Hafen in Bergen aus und kehrt zwölf Tage später wieder zurück.

Den Fahrplan 2016/2017 finden Sie unter folgendem Link:

www.hurtigruten.com/Documents/Germany/German-PDFs/Fahrplan%202016_17%20mit%20Karte.pdf

Ihr Schiff legt mehr oder weniger lange in allen im Fahrplan aufgeführten Häfen an. Bei Aufenthalten von mehreren Stunden können Landausflüge oder lang ausgedehnte Landgänge unternommen werden. Bei kurzen Anlegezeiten von ca. 30 Minuten sollten Sie in der Nähe des Schiffes bleiben, um dessen Abfahrt nicht zu verpassen.

Kirkenes ist der Wendepunkt der Route. Die Rückfahrt erfolgt fast auf demselben Weg, jedoch werden jetzt die auf der Hinfahrt in den Nachtstunden angelaufen Häfen überwiegend am Tag angelaufen.

Das tägliche Einlaufen des Postschiffes ist ein fester Bestandteil im Tagesablauf der Einheimischen entlang der Route. Störungen dieses fein getakteten Ablaufs sind nicht selten gar von medialem Interesse.

Die Linie ist eine wichtige Lebensader der Menschen in Nordnorwegen. Nicht nur Menschen und Waren gelangen durch die Schiffe in die abgelegensten Orte, auch Informationen verbreiten sich über diesen Weg rasant weiter. Wie in anderen Gegenden mit dem Bus, werden hier die Linienschiffe auch für Arzttermine, Besuche bei der Familie, Verabredungen mit Freunden, Behördengänge und vieles andere genutzt. Nicht zu unterschätzen ist die soziale Funktion insbesondere in den kleinen nördlichen Anlaufhäfen. Die meist 30-minütige Liegezeit nutzen die Einheimischen, sie werden auch „kaffegjengs" genannt, um in der Bord-Cafeteria gemeinsam Kaffee zu trinken, Zeitungen zu kaufen, neueste Informationen auszutauschen und vor dem Auslaufen wieder von Bord zu gehen.

Gepäck

Die Freigepäckgrenzen der Fluggesellschaften setzen bereits die ersten Grenzen des Reisegepäcks. Zudem sollte bedacht werden, dass es in Norwegen keine Gepäckträger gibt. Nehmen Sie daher nur so viel Gepäck mit, wie Sie auch allein transportieren können.

Wichtige persönliche Dinge wie Pässe, Geld, Medikamente und Brillen gehören immer ins Handgepäck.

Grundsätzlich sind die Kabinen groß genug, um das mitgeführte Reisegepäck unterzubringen. Sollte der Stauraum wider Erwarten doch nicht ausreichen, können Sie Koffer auch an der Rezeption zum Aufbewahren abgeben.

Getränke

Das Preisniveau an Bord ist deutlich höher als in Deutschland. Leitungswasser steht zu den Mahlzeiten kostenfrei zur Verfügung und kann ohne Bedenken getrunken werden. Tafelwasser muss bezahlt werden. Zu einer bestellten Flasche Wein gibt es eine Flasche Wasser, zum Glas Wein ein Glas Wasser.

Es gibt verschiedene Angebote, um die Getränkekosten überschaubarer zu machen. Sie sollten jedoch kritisch prüfen, ob das vermeintliche „Schnäppchen" auch wirklich eins ist.

▷ **Wasserpaket**

Für € 34 pro Person (Strecke von Bergen nach Kirkenes) oder € 68 (Bergen-Kirkenes-Bergen) beinhaltet das Wasserpaket sowohl zum Mittag- als auch zum Abendessen jeweils eine Flasche Wasser (0,5 l).

▷ **„Coffee-Deal"**

An Bord kann zum Preis von € 53 eine Kaffeetasse (Hurtigruten-Thermobecher) erworben werden. Der Deal gilt nicht nur für die gesamte Reise sondern bis zum Jahresende auf dem Schiff, auf dem Sie den Becher gekauft haben. Sie können damit so viel Kaffee und/oder Tee trinken wie Sie möchten. Ausgeschlossen sind Cappuccino, Espresso und andere Kaffeespezialitäten.

Tipp: Zu den Buffetzeiten (Frühstück und Mittagessen) gibt es den Kaffee am Automaten umsonst. Nach dem Abendmenü werden Kaffee und Tee in der Bar kostenfrei angeboten.

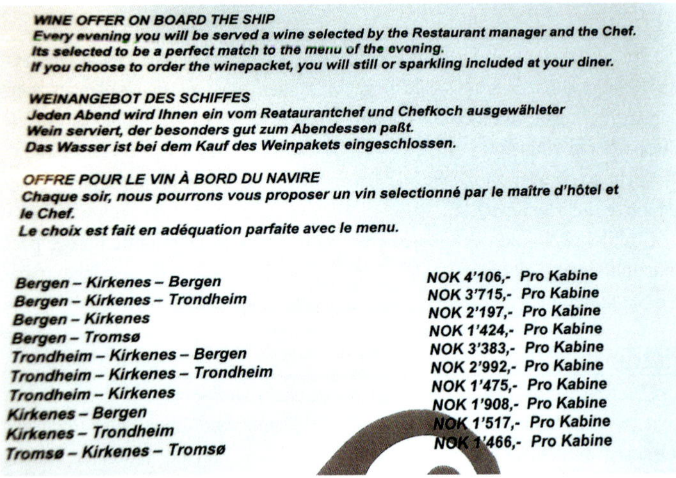

WINE OFFER ON BOARD THE SHIP
Every evening you will be served a wine selected by the Restaurant manager and the Chef.
Its selected to be a perfect match to the menu of the evoning.
If you choose to order the winepacket, you will still or sparkling included at your diner.

WEINANGEBOT DES SCHIFFES
Jeden Abend wird Ihnen ein vom Reataurantchef und Chefkoch ausgewähleter Wein serviert, der besonders gut zum Abendessen paßt.
Das Wasser ist bei dem Kauf des Weinpakets eingeschlossen.

OFFRE POUR LE VIN À BORD DU NAVIRE
Chaque soir, nous pourrons vous proposer un vin selectionné par le maître d'hôtel et le Chef.
Le choix est fait en adéquation parfaite avec le menu.

Bergen – Kirkenes – Bergen	NOK 4'106,- Pro Kabine
Bergen – Kirkenes – Trondheim	NOK 3'715,- Pro Kabine
Bergen – Kirkenes	NOK 2'197,- Pro Kabine
Bergen – Tromsø	NOK 1'424,- Pro Kabine
Trondheim – Kirkenes – Bergen	NOK 3'383,- Pro Kabine
Trondheim – Kirkenes – Trondheim	NOK 2'992,- Pro Kabine
Trondheim – Kirkenes	NOK 1'475,- Pro Kabine
Kirkenes – Bergen	NOK 1'908,- Pro Kabine
Kirkenes – Trondheim	NOK 1'517,- Pro Kabine
Tromsø – Kirkenes – Tromsø	NOK 1'466,- Pro Kabine

Weinangebot

▷ **Weinpaket**

Für die Strecke von Bergen nach Kirkenes kann man für € 309 (Bergen-Kirkenes-Bergen € 580) ein Weinpaket kaufen. Dafür kann zum Abendessen pro Person eine Flasche vom zum Hauptgericht empfohlenen Wein getrunken werden.

Modalitäten und Preise der verschiedenen Getränkepakete variieren von Schiff zu Schiff und von Saison zu Saison. Bitte informieren Sie sich an Bord.

Internet

Computerraum mit Internet

Auf fast allen Schiffen gibt es ein Internet-Terminal. An der Rezeption erhalten Sie einen Code zum kostenfreien Internetzugang. Die Netzverfügbarkeit kann stark variieren. Haben Sie ein Tablet, Laptop oder Smartphone im Gepäck, können Sie in den öffentlichen Bereichen meist problemlos online gehen; kostenloses WLAN gehört hier längst zum Service. Die Verbindungsstärke kann je nach Position des Hotspots und des Schiffes im Fahrgebiet variieren. Die Reichweite ist jedoch stark eingeschränkt. Den besten Zugang hat man in den öffentlichen Bereichen des Schiffes, z. B. unweit des Internetterminals, der Cafeteria und im Barbereich.

Grundsätzlich gibt es in den Kabinen keine Zugangsmöglichkeit zum Internet.

Kabinen

Auf den Schiffen der Hurtigruten gibt es eine Vielzahl Kabinen. Sie sind nicht luxuriös, wohl aber geräumig, komfortabel und praktisch ausgestattet. Die Außenkabinen der oberen Decks haben ein Fenster, die der unteren Decks Bullaugen.

Beim Buchen sollte beachtet werden, dass es auch Außenkabinen ohne oder mit eingeschränkter Sicht gibt. Rettungsboote und Sicherheitsausstattungen können diese behindern. Auch kann es im Winter vorkommen, dass die Bullaugen bei schlechtem Wetter aus Sicherheitsgründen entweder nicht geöffnet werden dürfen oder von außen gar mit Abdeckplatten verschlossen werden müssen.

Je nach Alter der Schiffe unterscheiden sich die Kabinen in Größe und Ausstattung. Bettwäsche, Handtücher und Fön gehören längst überall zum Standard. Zusätzlich steht eine begrenzte Anzahl an Babybetten zu Verfügung, die bei Bedarf gemietet werden können.

Die verschiedenen Kabinenkategorien lassen sich vereinfacht in Suiten, Minisuiten, Innen- und Außenkabinen einordnen.

♦ Wer preisbewusst reisen möchte, sollte sich für eine Innenkabine auf einem hochgelegenen Deck entscheiden.

Es wird keine Haftung für Wertsachen übernommen. Diese können, da es in den Kabinen zumeist keinen Safe gibt, an der Rezeption zur Aufbewahrung im Schiffssafe hinterlegt werden.

Je nach Fahrplan können sich die Check-out-Zeiten für die Kabinen täglich minimal ändern. Bei der Abfahrt in Bergen stehen die Kabinen ab ca. 18:00 zum Check-in bereit und bei der Ankunft in Kirkenes ist bis ca. 8:30 Check-out.

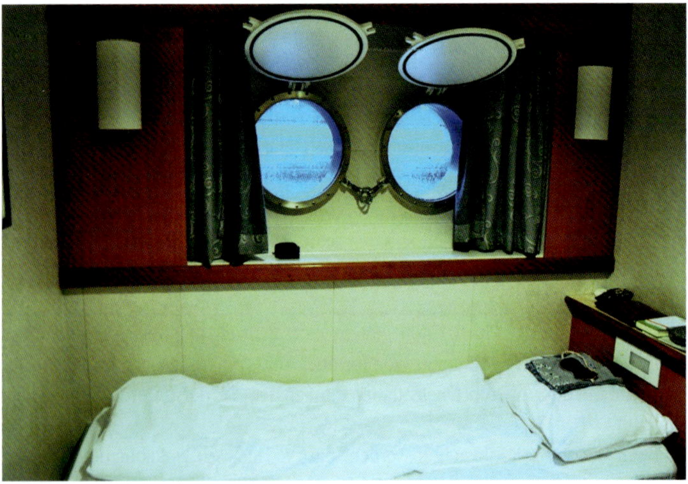

Klappbett in der Kabine

Standardkabinen (6-16 m^2) haben neben Nasszelle mit WC und Dusche zwei Betten, eins davon ist ein Bettsofa/Klappbett. Die Betten stehen L-förmig oder gegenüber und lassen sich (leider) nicht zusammenrücken. Wenige Kabinen haben Klappbetten.

Suiten sind deutlich größer (28-45 m^2) als die Standardkabinen. Sie variieren in Ausstattung und Lage, sind aber fast durchgängig mit Fernseher, Sitzecke,

Minibar, Tee-/Kaffeekocher und Doppelbett ausgestattet. Minisuiten (18-20 m^2) haben entweder ein Doppel- oder zwei Einzelbetten, Fernseher und teilweise eine Minibar.

Auf den meisten Schiffen gibt es mindestens eine rollstuhlgerechte Kabine (16-20 m^2). Miteinander verbundene Kabinen können auf einigen Schiffen auf Nachfrage gebucht werden.

Kinderermäßigung

Für Kinder bis einschließlich dritten Lebensjahr, die im Bett der Eltern schlafen, muss nicht bezahlt werden. Babybetten hingegen müssen vorab bestellt und auch bezahlt werden. Kinder von 4 bis einschließlich 15 Jahren, die in der elterlichen Kabine schlafen, erhalten für die komplette Reise und die Landausflüge einen Preisnachlass von 25 %.

Auf Reisepakete inklusive Nonstop-Charterflug, Hotelbuchungen, An- und Abreisepakete, Schnupperpakete sowie Vor- und Nachprogramme gibt es auch für Kinder bis 15 Jahren eine Ermäßigung von 25 %.

Kinder an Bord

Unter den Passagieren, die die gesamte Route von Bergen nach Kirkenes oder entgegengesetzt reisen, sind zunehmend auch Kinder. Einheimische, die die Hurtigrute als Transportmittel nutzen, sind oft Familien mit Kindern.

Zwar wird an Bord keine spezielle Kinderbetreuung oder –animation angeboten, doch gibt es entlang der Strecke für Kinder viele spannende Sachen zu entdecken. Die RIB-Bootssafari zum Salstraumen oder das Wikingerfest sind wahre Abenteuer für Kinder. Für Begeisterung können auch eine Walsafari, die Erkundung der Lofoten zu Pferd und verschiedene Kajaktouren sorgen.

Selbst das geschäftige Treiben sowie das Be- und Entladen in den vielen Häfen entlang der Route sind interessante kleine Tageshöhepunkte.

In Bergen kann bereits am Tag der Anreise, noch vor dem Einchecken, das Aquarium mit Pinguinen, Krokodilen, Schlangen, Schildkröten und Seidenaffen besucht werden.

Auch eine Bergfahrt mit der Fløibahn ist ein faszinierendes Erlebnis für Groß und Klein. 320 m über dem Meeresspiegel erwartet Sie eine unglaubliche Aussicht auf die Stadt, die Hafeneinfahrt und die Fjorde. Für die Kleinen gibt es zudem einen Spielplatz.

Polarkreistaufe mit Kelle und Eiswasser

Auch die Aktivitäten an Bord, wie die Polarkreistaufe mit Neptun und die Einfahrt in den abenteuerlichen Trollfjord sorgen für Unterhaltung und Abwechslung.

Auf den meisten Schiffen gibt es einen Babyraum und ein Kinderspielzimmer.

Kleidung

Die Kleidung an Bord ist leger. Anzug und das kleine Schwarze sind nicht erforderlich, ein Jackett oder Blazer gehört dennoch ins Gepäck. Am Tisch geht es gepflegt zu! Für Ausflüge sind bequeme Schuhe empfehlenswert. Da das Wetter rasch wechseln kann, sollten Sie auch im Sommer an warme Pullover und eine Regenjacke denken. Es empfiehlt sich der Zwiebellook, da sich Temperatur, Wind und Niederschlag stündlich ändern können.

Ins Gepäck gehören atmungsaktive sowie wind- und wasserdichte Kleidung und eine warme Mütze. Im Winter kann es empfindlich kalt werden, dann sind Sie ohne Schal, Funktionskleidung und wärmende Unterwäsche verloren. Kälte und Wind sind nicht zu unterschätzen.

Nicht nur für die Landausflüge gehört festes Schuhwerk ins Gepäck. Für „Best-Ager“ sind auch Wander-/Trekkingstöcke sowie Spikes kein schlechter Tipp.

Eine Sonnenbrille wird unbedingt gebraucht. Ihre Augen benötigen nicht nur im Sommer Schutz. Die Reflexion von Schnee und Eis im Winter kann für das ungeschützte Auge ebenfalls gefährlich sein.

Bei Sonnenschein ist an Sonnenschutz zu denken. Oft wird das Risiko eines Sonnenbrands bei leichter bis mittlerer Brise unterschätzt.

Das sollten Sie unbedingt einpacken:

▷ rutschfeste, stabile Schuhe, die Halt geben und kopfsteinpflastertauglich sind

- ▷ Kopfbedeckung (gegen Regen und vor allem Sonne), im Winter: Schal, Handschuhe, warme Unterwäsche
- ▷ Sonnencreme und Sonnenbrille
- ▷ leichte Tasche oder Rucksack für die Ausflüge
- ▷ ein gutes Buch
- ▷ Fotoapparat
- ▷ atmungsaktive, wind- und wasserdichte Jacke
- ▷ ein Sakko für den Herren, mindestens ein schönes Kleid für die Dame
- ▷ regelmäßig benötigte Medikamente
- ▷ Fernglas

Klimaanlage

Alle Kabinen haben ein Thermostat, mit dem die Temperatur individuell eingestellt werden kann. Selbst im Winter ist es damit immer angenehm warm. Komplett ausstellen lässt sich die Klimanlage jedoch nicht.

Ladegeräusche/Lärm

Grundsätzlich sollte bedacht werden, dass es sich bei den Schiffen der Hurtigrute um Arbeits- bzw. Frachtschiffe handelt und es selbst in der Nacht durchaus zu Motoren-, Schrauben- Be- und Entladegeräuschen kommen kann, aber erfahrungsgemäß sind diese wenig störend. Der Veranstalter weist in seinen Reiseinfos trotzdem ausdrücklich darauf hin, damit es später keine Beschwerden gibt. Wenn Sie sehr empfindlich sind, können Ohropax Ohrenstöpsel ein probates Hilfsmittel zu ruhigem Schlaf sein.

Prinzipiell gilt, dass die Lärmschutzvorkehrungen bei älteren Schiffen schlechter sind als bei neueren. Auch die Lage der Kabine kann der Grund für mehr oder weniger Lärm sein. Zudem verursachen Schiffsmotoren, besonders bei An- und Ablegen, Vibrationen. Daran gewöhnt man sich meist schnell.

Preise an Bord

Planen Sie Ihr Taschengeld großzügig! Das Preisniveau in Norwegen und auf der Schiffspassage ist höher als in Deutschland. Alles hat hier seinen Preis. Selbst wenn Sie Voll- oder Halbpension gebucht haben, schlagen die Getränke noch mal ordentlich zu Buche. Und wie immer und überall gibt es unzählige Möglichkeiten, Geld auszugeben!

Rauchen an Bord

In ganz Norwegen ist das Rauchen an öffentlichen Orten wie Cafés und Restaurants untersagt. Aus Sicherheitsgründen ist das Rauchen auch in allen Häfen verboten.

An Bord aller Hurtigruten-Schiffen darf nur an ausgewiesenen Plätzen draußen an Deck geraucht werden und auch nur, wenn sich das Schiff auf See befindet. Keinesfalls dürfen Asche und Zigaretten über Bord ins Meer geworfen werden. Verwenden Sie bitte ausschließlich die dafür vorgesehenen Aschenbecher.

Ein absolutes Rauchverbot herrscht in allen Kabinen.

Reinigung der Kabine

Alle Kabinen werden täglich gereinigt, auch Bettenmachen und Handtuchwechsel gehören zum Service.

Insgesamt wird auf dem ganzen Schiff viel Wert auf Reinigung und Desinfektion gelegt. Von den Gästen wird erwartet, dass sie nach Landgängen und vor den Malzeiten die Hände desinfizieren.

Reiseleitung/Rezeption

Auf allen Schiffen gibt es ganzjährig eine deutschsprachige Reiseleitung. Sie organisiert die Ausflüge und Aktivitäten an Bord. Den Infoschalter des Reiseleiters finden Sie meist in der Nähe der Rezeption. Zumindest erhalten Sie dort Auskunft, auf welchem Deck dieser ist.

Restaurant

☞ Verpflegung/Mahlzeiten

Shop

An Bord aller Schiffe (außer M/S Lofoten, dort muss man in die Cafeteria gehen) gibt es einen Shop mit Vielem, was man auf die Schnelle brauchen könnte. Dazu gehören u. a. Postkarten, Briefmarken, Bücher, Mitbringsel von der Reise, diverse Hygieneartikel, Winter- und wasserfeste Kleidung sowie Spikes für die Schuhe.

Sicherheit

Bevor Ihr Schiff den Hafen von Bergen verlässt, müssen alle Gäste an einer Sicherheitseinweisung teilnehmen. Dort wird Ihnen gezeigt, wie Sie Ihre Ret-

Rezeption

tungsweste anlegen müssen und was zu tun ist, wenn ein Notfall eintritt und das Schiff evakuiert werden muss. Die Teilnahme ist Pflicht und dient Ihrer Sicherheit.

Die Einweisung erfolgt im Viertelstundentakt im Terminal. Erst danach checken Sie ein. 19.00 beginnt die letzte Einweisung, später anreisende Gäste bekommen vor Auslaufen des Schiffes eine Einweisung an Bord.

In allen öffentlichen Bereichen und an der Innenseite Ihrer Kabinentür finden Sie noch einmal eine Übersicht aller Notfallmaßnahmen. Wenn Sie noch Fragen haben wenden Sie sich bitte an die Rezeption.

An Bord sollten Sie stets auf Ihre Wertsachen, Kameras, Handys usw. achten. Auch ist es nicht ratsam, zu viel Bargeld mit sich zu führen.

Beim Verlassen des Schiffes ist auf möglichen Verkehr im Hafengelände zu achten. Im Winter und Frühling kann es auf den Gangways und an Deck vereist und rutschig sein. Dann sind Vorsicht und Schuhe mit Profil angesagt.

Die Schiffe der Hurtigruten sind mit Stabilisatoren ausgestattet. Ausnahme: die M/S Lofoten. Es ist daher recht unwahrscheinlich, dass Sie die Seekrankheit bekommen. Ohnehin fährt Ihr Schiff während der ganzen Reise nur für wenige Stunden auf offener See. Nur auf diesen kurzen Teilstrecken kann es hohen Wellengang geben und damit eine größere Gefahr, seekrank zu werden.

Geräte im Fitnessraum

Sport

Das Sportangebot ist klein, aber es gibt eine bordeigene Sauna und einen Fitnessraum mit Geräten. Einige Schiffe verfügen gar über Freiluftwhirlpools.

Strom/Steckdosen

Die Steckdosen in der Kabine haben 220 V Wechselstrom, es wird kein Adapter gebraucht.

Suiten-Service

Wer sich's richtig gut gehen lassen will, kann eine Suite samt Zusatzleistungen buchen. Sie werden dann mit einem Obstkorb am Anreisetag, Bademantel, Tee- bzw. Kaffeekocher in der Kabine, Brückenbesichtigung, kostenlosem Kaffee-Abo und spätem Auschecken verwöhnt. Gegen Aufpreis wird das Frühstück auf die Suite gebracht und die Minibar wird täglich aufgefüllt.

Tagesprogramm

Jeweils am späten Nachmittag liegt in der Kabine das Programm für den nächsten Tag bereit. Hier finden Sie Informationen (in vier Sprachen) u. a. darüber, welche

Häfen angefahren und welche anderen Postschiffe passiert werden, was es Besonderes zu sehen gibt, wann die Landausflüge stattfinden und wann der Polarkreis überquert wird.

Tipp: Zu den Highlights der Reise gehört die Polarkreis-Taufe. Neptun empfängt Sie auf Deck und Sie werden mit einer Kelle voller Eiswürfel, die Ihnen in den Kragen gekippt wird, getauft. Als Belohnung gibt's einen Schnaps sofort und die Urkunde später in der Kabine. – Wollen Sie diesen Spaß mitmachen, sollten Sie sich möglichst schnell entscheiden, denn die Eiswürfel sind dann noch nicht geschmolzen und lassen sich zügig wieder ausschütteln. Wenn nur noch Wasser übrig ist, werden Sie ordentlich durchnässt.

Telefon/Handy

Mobiltelefone funktionieren erfahrungsgemäß gut. Zwar variiert die Netzreichweite, sie ist aber bis auf wenige Ausnahmen nahezu flächendeckend. Die Höhe der Gebühren ist vom Anbieter abhängig. Es wird darum gebeten, Mobiltelefone nicht in öffentlichen Bereichen zu nutzen, damit andere Mitreisende nicht gestört werden. Zudem gibt es auf allen Schiffen Kartentelefone. Die Telefonkarten gibt es an der Rezeption.

Tiere

Es ist nicht empfehlenswert, Hunde länger als drei Tage mit aufs Schiff zu nehmen. Sofern Allergikerkabinen ohne Teppichboden verfügbar sind, besteht jedoch grundsätzlich die Möglichkeit. Allerdings müssen Hunde dann in der Kabine bleiben und dürfen nicht an Deck Gassi gehen. Auch besteht die Möglichkeit der Unterbringung in Boxen auf dem Autodeck. Auch hier gilt: Während der Fahrt dürfen die Vierbeiner ihre Boxen nicht verlassen. Um Futter und das Entsorgen der Exkremente muss sich der Halter selbst kümmern. Passage und Box kosten je NOK 100.

Tischplatzreservierung

Tischreservierungen sind nicht vorab, sondern erst an Bord möglich.

Trinkgeld

Erfahrungsgemäß geben zufriedene Gäste als Dankeschön gern ein Trinkgeld. An Bord der Hurtigruten-Schiffe sind Trinkgelder allerdings ausdrücklich kein Muss.

Damit sich der Reisende nicht ständig Gedanken ums Trinkgeld machen muss, sind viele Reedereien, so auch Hurtigruten, längst dazu übergegangen, dieses in den Reisepreis zu inkludieren. Dennoch steht es jedem frei, seine Zufriedenheit nach eigenem Ermessen zum Ausdruck zu bringen. Die Angestellten freuen sich immer darüber! Sie können das Trinkgeld entweder beim Reiseleiter oder in ein Gefäß am Eingang des Restaurants stecken. Das Geld wird dann gesammelt und am Ende der Reise unter den Crewmitgliedern verteilt.

Leckeres Essen an Bord

Verpflegung/Mahlzeiten

Die Reise kann mit Voll- und Halbpension gebucht werden. Mahlzeiten werden zu festen Zeiten im Restaurant eingenommen.

Von 7:30-10:00 gibt es ein abwechslungsreiches Frühstücksbuffet bei freier Sitzplatzwahl. Von 12:00-14:30 gibt es das große Mittagsbuffet bei ebenso freier Sitzplatzwahl und ab 18:30 Uhr wird ein Drei-Gänge-Abend-Menü (mit fester Sitzordnung) gereicht. In der Hauptsaison werden Mittag- und Abendessen in zwei „Schichten" eingenommen.

Es wird viel Wert auf frische Zutaten sowie saisonalen und regionalen Charakter der Speisen gelegt.

Ihre Verpflegung beginnt in Bergen von 18:00-21:00 mit einem skandinavischen Buffet. Ausschließlich am Anreisetag haben Sie dabei freie Sitzplatzwahl. Die Sitzplatzordnung für alle anderen Tage erhalten Sie beim Check-In mit Ihren Unterlagen.

Spezielle Essenswünsche wie Diätspeisen, vegetarische Kost oder Lebensmittel-Allergien (z. B. Laktoseunverträglichkeit, Glutenintoleranz) werden nach Möglichkeit berücksichtigt. Melden Sie diese bereits bei Buchung mit an.

Das Essen an Bord ist abwechslungsreich, schmeckt ausgezeichnet und es gibt viele verschiedene Fischgerichte. Beim Abendmenü darf man durchaus auch um einen Nachschlag bitten.

Kleines Konzert am Abend

Für den kleinen Hunger zwischendurch gibt es auf allen Schiffen eine Cafeteria. Hier werden rund um die Uhr Getränke, Sandwichs und verschiedene Speisen angeboten. Bei der Abfahrt von Bergen öffnet die Cafeteria erst um 16:00.

Alle Getränke an Bord, auch das Tischwasser zu den Mahlzeiten, müssen bezahlt werden. Leitungswasser kann ohne Bedenken getrunken werden. (siehe Getränke)

Tipp: Am Eingang zum Restaurant befindet sich ein Spender mit Desinfektionsmittel für die Hände. Es wird um Benutzung gebeten!

Unterhaltung/Bordleben

Es gibt kein kommerzielles Unterhaltungsprogramm mit Shows und dergleichen. Vielmehr wird hier Wert auf Erholung, jahreszeitbezogene Aktivitäten und regionale Informationen zu Kultur und Geschichte gelegt. Im Tagesprogramm werden diese Veranstaltungen entsprechend angekündigt.

Außer auf der M/S Lofoten und der M/S Vesterålen gibt es abends überall einen Klavierspieler, der für eine entspannte Atmosphäre sorgt. Auf vielen Schiffen gibt es zudem eine Bibliothek.

Wäscherei

Auf allen Schiffen gibt es einen mit Waschmaschinen, Trockner und Bügeleisen ausgestatteten Waschraum. An der Rezeption gibt es Wertmarken (ca. € 2,50); Selbstbügeln ist kostenfrei.

Wertsachen

Auf einigen Schiffen gibt es einen Safe in der Kabine, ansonsten können Wertsachen zur Aufbewahrung im Schiffssafe an der Rezeption abgegeben werden. Die Hurtigruten ASA übernimmt keine Haftung für Geld und Wertsachen in Kabinen oder in Fahrzeugen.

Mit dem Postschiff von Bergen nach Kirkenes

Bergen

Bergen ist der Ausgangspunkt für ihre Hurtigrutenreise. Die Stadt hat etwa 272.000 Einwohner und ist damit die zweitgrößte Stadt Norwegens. Der Ort ist sehr günstig mit Schiff, Flugzeug, Eisenbahn und Auto an das weltweite Verkehrsnetz angebunden. Die Verbindung nach Oslo auf dem Schienenweg führt über eine der schönsten Eisenbahnstrecken Europas.

Von überregionaler Bedeutung für Bergen ist der Hafen als Ausgangspunkt für die Schiffe der Hurtigrute nach Norden. Er liegt am Inneren Byfjord, ist ein Naturhafen und einer der betriebsamsten Seehäfen Europas. Bergen liegt eingebettet zwischen den größten Sehenswürdigkeiten Norwegens, den beiden Fjorden: Hardangerfjord und Sognefjord. Deshalb wird Bergen gern auch als „Tor zu den Fjorden" bezeichnet. Die Fjorde stehen auf der UNESCO-Liste der Weltnaturerbestätten.

Der Ort wurde 1070 von König Olav Kyrre als Björgvin („Wiese zwischen den Bergen") gegründet und im 13. Jahrhundert Norwegens erste Reichshauptstadt. Bis zur Ablösung durch Trondheim war Bergen auch norwegische Krönungsstadt und bis 1830 die größte Stadt Norwegens. Durch die Eröffnung des Hansekontors Tyske Bryggen 1360 ergaben sich für Bergen weit reichende Handelsbeziehungen, worauf auch ihre lange Tradition als Hafen- und Handelsstadt zurückzuführen ist.

Die **Hanse** war eine in der Mitte des 12. Jahrhunderts gegründete Vereinigung niederdeutscher Kaufleute. Sie hatte das Ziel, ihre wirtschaftlichen und politischen Interessen im In- und Ausland zu vertreten. Die Blütezeit der Hanse war von 1250 bis um 1400. Zu den wichtigsten Hansestädten zählten: Lübeck, Bremen, Danzig, Hamburg, Reval (heute: Riga), Rostock, Wismar und Stralsund. Kontore der Hanse waren der Peterhof in Nowgorod, der Stalhof in London, das Hansekontor in Brügge und die Tyske Bryggen in Bergen. Diese Städte mit Kontoren hatten aber keinen Status als eigenständige Mitglieder der Hanse.

Schon frühzeitig ließen sich deutsche Handwerker und Kaufleute in Bergen und Visby nieder. Über den so genannten Süd-Nord-Weg hatten sie Verbindung mit den Fischvorkommen vor Bergen über Lübeck zu den Salinen Lüneburgs und zu den Harzer Bergwerken.

Die strategische Lage des Naturhafens nutzten deutsche Truppen und besetzten Bergen am 9.4.1940, legten einen U-Boothafen an und bauten auf der Insel

Herdla die Festung Fjell Festning. Durch Bombardements der Alliierten wurde die Stadt stark zerstört.

Heute ist Bergen eine lebendige Stadt mit Kultur, charakteristischen Bauwerken und herrlicher Natur. Sie war 2000 europäische Kulturstadt. Mehr als 60 Sehenswürdigkeiten warten auf Besucher.

Wenn Bergen Ausgangspunkt Ihrer Hurtigruten-Reise ist, dann sollten Sie unbedingt vor dem Einschiffen ein bis zwei Tage in Bergen verbringen, um einige der vielen Sehenswürdigkeiten und die Umgebung der Stadt zu erkunden.

Sehenswürdigkeiten in Bergen

Hafenviertel Bryggen (auch Tyskebryggen)

Es gibt wohl kaum einen Touristen, der es versäumt, eine Ansichtskarte mit dem bekanntesten Motiv Bergens in die Welt zu schicken. Bryggen (Landungsbrücke oder Kai) liegt längs des Naturhafens und ist auf eine alte hanseatische Handelseinrichtung zurückzuführen. Entlang der Kaimauern wurden hier die ersten Gebäude Bergens errichtet. Von 1350–1764 wohnten dort hanseatische Kaufleute. Sie handelten hauptsächlich mit Stockfisch und Getreide.

Hafenviertel Bryggen © Dieter Großelohmann

Obwohl Bergen wegen der typisch norwegischen Holzbauweise sehr oft mit verheerenden Bränden, ein besonders heftiger war 1702, zu kämpfen hatte, wurde die Hafenfront Bryggen immer wieder originalgetreu aufgebaut. Ihr Aussehen hat sich daher in den letzten 800 Jahren kaum geändert. Das war auch einer der Gründe, Bryggen 1979 zum Weltkulturerbe der UNESCO zu erklären.

♦ Bryggen, ☏ +47 55 55 20 00, 💻 www.stiftelsenbryggen.no

Bryggens Museum

Hier können Fundstücke, Keramik und Runeninschriften der archäologischen Ausgrabungen auf Bryggen aus der Zeit der ältesten Besiedlung Bergens, dem 12. Jahrhundert, besichtigt werden. Ein Großteil der Ausstellungsstücke stammt aus der Ausgrabung von 1955. Das kulturhistorische Museum vermittelt einen Einblick in das Geschäfts- und Kulturleben im Spätmittelalter.

♦ Dreggsallmenningen 3, ☏ +47 55 30 80 30, 💻 www.bymuseet.no, Eintritt: NOK 70

Hanseatisches Museum und Schötstuben

Das 1872 eröffnete Museum ist in einem der ältesten Holzhäuser Bergens untergebracht. Es werden eine See- und eine Landstube gezeigt. Weiterhin wird thematisiert, wie die deutschen Kaufleute der Hanse vor Jahrhunderten lebten und arbeiteten. Sie handelten von 1350-1750 von ihrem Kontor in Bergen mit Getreide und Stockfisch.

In den Schötstuben neben der Marienkirche, nur wenige Minuten vom Hanseatischen Museum entfernt, hielten die Kaufleute im Winter ihre Versammlungen ab. Die drei Säle wurden als Versammlungs-, Gerichts- und Festsäle genutzt.

♦ Finnegården 1a, ☏ +47 55 54 46 90, 💻 www.museumvest.no, Eintritt: NOK 90

„Keinen Geist kann man so umfassend lieben wie die Natur.“

Edvard Grieg

Edvard Grieg Museum Troldhaugen

Der norwegische Komponist Edvard Grieg (1843-1907) lebte von 1885 bis zu seinem Tode 1907 im Süden Bergens in diesem Haus, das er Troldhaugen nannte. Bei der Namensgebung bezog er sich dabei auf das nahe gelegene Tal der Trolle. Bestattet wurden er und seine Frau Nina (1845-1935) in einem Berggrab in der Nähe des Hauses. Das Haus beherbergt seit 1928 das Grieg-Museum. Die Einrichtung stammt noch aus dem Jahr 1907.

Zum Museum gehören weiterhin die Kompositionshütte, der Kammermusiksaal Troldsalen und die Gräber.

Vom 1. Juni bis zum 30. August finden täglich von 13:00-13:30 Lunchkonzerte im Troldsalen auf dem Museumsgelände statt.

♦ Troldhaugveien 65, Paradis, ☏ +47 55 92 29 92, 💻 www.griegmuseum.no, tägl. 9:00-16:00, Eintritt: NOK 90

Edvard Grieg wurde 1843 als viertes von fünf Kindern in Bergen geboren. Sein Vater Alexander war Kaufmann und britischer Konsul in Bergen. Er führte einen Fischhandel. Seine Mutter war eine erfolgreiche Pianistin. Sie gab dem sechsjährigen Edvard ersten Klavierunterricht. Bereits im Alter von neun Jahren entwarf er erste eigene Kompositionen. Beeinflusst durch die deutsche romantische Schule studierte er von 1858-1862 am Leipziger Konservatorium und ab 1863 in Kopenhagen. 1865 zog er nach Oslo, wo er Direktor der Philharmonischen Gesellschaft wurde. Seine Kompositionen machten den noch jungen Komponisten schnell in Norwegen und Deutschland bekannt. 1867 heiratete Grieg in Kopenhagen seine Cousine Nina Hagerup. Ein Jahr später kam Tochter Alexa zur Welt, die bereits im Folgejahr an Meningitis starb. Zusammen mit seiner Frau, einer Sopranistin, unternahm er viele Reisen durch Europa. Ab 1874 wohnte er, eine Staatspension erhaltend, als freier Komponist teils in Bergen, Oslo und Lofthus am Sørfjord. 1885 kaufte er das Haus Troldhaugen im Süden Bergens, wo er bis zu seinem Tod 1907 lebte.

Er und seine Frau waren eng mit Peter Tschaikowski befreundet, hatten Verbindung zu Brahms, Clara Schumann und Franz Liszt. Grieg war sehr schlank und nur von geringer Körpergröße (1,52 m); auffällig war seine ausgeprägte charakteristische Kopfform.

Berühmt machte ihn u. a. seine Musik zu Ibsens „Peer Gynt", sein Streichquartett in g-Moll op. 27 und das Klavierkonzert a-Moll. Für sein umfangreiches kompositorisches Schaffen erhielt er national und international viel Anerkennung und zahlreiche Auszeichnungen.

Håkonshalle

Die Håkonshalle wurde 1247-1261 von König Håkon Håkonsson als königliche Residenz und Festhalle errichtet. Sie war das größte und prächtigste Gebäude im Königshof von Bergen und steht auf dem Gelände der Festung Bergenhus. Im Laufe der Jahrhunderte verfiel das Gebäude und wurde ab 1683 als Kornspeicher

Bergen
Byfjorden
Vågen
Nøstebukten
Puddefjorden
Jekteviken
Damsgårdsundet
Lille Lungegårdsvannet
Nygårdsparken
Domkirke-plassen
Muse-plass
Strandgaten
Nordnesveien
Nordnesbakken
C. Sundts gate
Haugeveien
Georgernes Verft
Klostergaten
Nøstegaten
Festningskaien
Slottsgaten
Bryggen
Øvregaten
Strandkaien
Torget
Småstrandgaten
Markeveien
Jon Smørs gate
Teatergaten
Neumanns gate
Vaskerelven
Håkonsgaten
Rosenbergsgaten
Sydnesgaten
Torborg Nedreaas' gate
Olav Kyrres gate
Christies gate
Nordahl Bruns gate
Rasmus Meyers allé
Lars Hilles gate
Nygårdsgaten
Fosswinckels gate
Strømgaten
Kaigaten
Kong Oscars gate
Lille Øvregaten
Vetrlidsallmenningen
Finnegården
Nikolaikirkeallmenningen
Engelgården
Dreggsallmenningen
Sandbrogaten
Nedre Stølen
Stølegaten
Helgesens gate
Skuteviksveien
Nye Sandviksveien
Repslagergaten
Absalon Beyers gate
Tartargaten
Ladegårdsgaten
Krohnengsgaten
Skansen
Professor Dahls gate
ØvreOBlekeveien
Fjellveien
Dokkeveien
Haakon Sheteligs plass
Parkveien
Villaveien
Allégaten
Welhavens gate
Professor Hansteens gate
Thormøhlens gate
Puddefjordsbroen
Michael Krohns gate
N
S
W
O
0 m
300 m
1 Hafenviertel Bryggen (auch Tyskebryggen)
2 Bryggens Museum
3 Hanseatisches Museum und Schötstuben
4 Edvard Grieg Museum Troldhaugen
5 Håkonshalle
6 Festung Bergenhus
7 Domkirke
8 Ulriken
9 Fløibahn zum Fløyen (Fløyberg)
10 Kunstmuseum
11 Seefahrtsmuseum (Sjøfartsmuseum)
12 Aquarium (Akvariet)
13 Bergen Museum (Universitätsmuseum)
STEPMAP © Stepmap. 123map Daten: OpenStreetMap. ; ODbL

genutzt. In der Zeit von 1873-1895 wurde es mit viel Aufwand wieder aufgebaut. Die Håkonshalle wird heute als nationales Kulturdenkmal für königliche Dinner und andere Festveranstaltungen genutzt.

♦ Bergenhus Festning, ☏ +47 55 31 60 67, 💻 www.bymuseet.no/?vis=78, Eintritt: NOK 70

Festung Bergenhus

Die Festung Bergenhus liegt am Eingang der Bucht Vagen auf dem Gelände des Holmen. Sie ist eine der ältesten und am besten erhaltenen Festungen Norwegens. Um 1180 baute König Øystein Magnusson hier einen neuen Königshof. Unter Håkon Håkonssons (1217-1263) wurden aus dem hölzernen Königshof steinerne Gebäude und Bergen wurde Hauptstadt. Vom Königshof sind heute noch zwei Gebäude erhalten: die Håkonshalle und der Rosenkrantzturm. Letzterer wurde nach seinem Erbauer, Erik Rosenkrantz, benannt. Vom Dach des Turmes gibt es einen herrlichen Ausblick auf die Stadt und den Hafen. Der Aufstieg ist wegen der engen Treppe und der steilen Stufen recht beschwerlich. Im Erdgeschoss gibt es ein weniger beschwerliches, nettes Café.

Da der Hauptstadtstatus mit der dänisch-norwegischen Personalunion nach Dänemark wechselte, wurde der Königshof Bergenhus nach 1660 zu einer reinen Festung ausgebaut, deren Aufgabe es war, den Hafen der Stadt zu schützen. Bereits 1665 suchte eine holländische Kaufmannsflotte Schutz im Hafen. Die englischen Verfolger konnten mit Geschützfeuer von Bergenhus in die Flucht geschlagen werden.

Im 2. Weltkrieg richtete die deutsche Wehrmacht auf der Festung ein Hauptquartier ein. In dieser Zeit wurde die mittelalterliche Anlage stark beschädigt. Die Explosion eines mit Munition beladenen Schiffes tat ihr Übriges.

Noch heute befinden sich auf dem Festungsgelände militärische Einrichtungen. 1996 übernahm das Regiment das Kommando der Bergenhus Festning, am 30. September 2002 wurde es aufgelöst.

♦ Vågen, ☏ +47 55 54 63 87, 💻 http://www.forsvarsbygg.no/festningene/Festningene/Bergenhus-festning/, 🚪 tägl. 6:30-23:00

Domkirke

Die evangelisch-lutherische Kirche St. Olav wurde ab 1150 erbaut und dem Heiligen Olav II. Haraldsson geweiht. Der evangelisch-lutherische Dom ist 60,5 m lang und 20,5 m breit. Im 17. Jahrhundert wurde der Turm angebaut. Der Sakralbau brannte 1248 und 1270 ab. König Magnus VI. ließ die Kirche 1301 wieder aufbauen und sich hier auch begraben. Nach der Zerstörung des Klosters Munkeliv wurde die Kirche 1537 zum Dom ernannt. 1880 wurde dieser komplett restauriert.

Eine Kanonenkugel in der Wand des Turmes erinnert an die Schlacht von Vågen 1665.

Während des Englisch-Niederländischen Krieges (1665-1667) kam es am 12.8.1665 in der Bucht von Bergen zu einer Seeschlacht (auch Schlacht von Vågen). Eine niederländische Handelsflotte wurde im Hafen von Bergen von einem englischen Geschwader überfallen. Unter Befehl ihres Kapitäns Pieter de Bitter leistete die Besatzung erbitterten Widerstand. Sie wurde mit der Niederlage des englischen Verbands und dessen Rückzug belohnt.

♦ Domkirkeplassen 1, ☎ +47 55 59 32 70, 💻 www.bergen.kirken.no, tägl. 8:00-14:30

Ulriken

Landläufig heißt es: „Man ist nicht in Bergen gewesen, wenn man nicht auf dem Ulriken war.“ Ob das stimmt, muss jeder selbst entscheiden. Gewiss ist, dass Sie vom Gipfel eine einzigartige Sicht auf Bergen, die Fjorde, die Schären und das Gebirge haben.

Der Ulriken ist mit 643 m der höchste der sieben Berge, die Bergen umrahmen. Der Name Ulriken kommt von „Alrek“, was so viel bedeutet wie „der Raum Einnehmende“. Auf dem Aussichtsplateau befindet sich ein Restaurant, in dem Sie regionale Spezialitäten genießen können. Mit der „Ulriken 643 Panorama Tour“ (Doppeldeckerbus und Seilbahn) können Sie alle 30 Min. auf den Ulriken fahren. Start ist im Zentrum, 30 m vom Fischmarkt entfernt.

Preis für Hin- Rückfahrt: NOK 245, Hin- und Rückfahrt nur mit der Seilbahn: NOK 155. Für den Ausflug müssen Sie etwa 2 Stunden Zeit einplanen. Von Mai–Sept. fährt zwischen 9:00 und 17:00 halbstündlich ein Bus ab Touristinformation auf den Ulriken. Die letzte Rückfahrt vom Ulriken ist um 17:00. Es ist auch möglich, sich einen Abholservice vom Schiff zu organisieren.

Tipp: Auf dem Ulriken weht immer kalter Wind. Nehmen Sie daher unbedingt zumindest eine dicke Jacke mit!

Fløyen (Fløyberg)

Der Fløyberg ist der Hausberg Bergens und eine der beliebtesten Touristenattraktionen. Die 850 m lange Fløibahn, eine Standseilbahn mit zwei Wagen, bringt Sie in wenigen Minuten auf den Gipfel des 320 m über dem Meer gelegenen Berges. Allein die ca. 5-minütige Fahrt mit der Fløibahn ist ein spannendes Erlebnis. Die beiden Wagen der Bahn bieten jeweils Platz für 80 Fahrgäste, daher gibt es selten lange Warteschlangen. Die Fløibahn ist eine der bekanntesten Attraktionen Norwegens und auch die einzige Bahn dieser Art in Skandinavien.

Aktivurlauber können in etwa 50 Minuten auf den Gipfel wandern. Der Wanderweg ist gut ausgeschildert und mit festem Schuhwerk bequem zu bewältigen. Unterwegs können Sie die saubere Bergluft genießen oder ein Picknick machen. Gelegenheiten dafür gibt es viele.

Die Standseilbahn startet an der Talstation direkt neben dem Fischmarkt. Hier können auch Tickets am Automaten oder an der Kasse gekauft werden.

♦ Fløibanen AS, Vetrlidsallmenningen 21, ☏ +47 55 33 68 00, www.floibanen.com, Mo-Fr 7:30-23:00, Sa+So 8:00-23:00, von 10:00-19:00 alle 15 min, ansonsten halbstündlich

Tipp: An der Bergstation gibt es ein gut sortiertes, ganzjährig geöffnetes Souvenirgeschäft.

Kunstmuseum

Das Kunstmuseum Bergen besitzt eine umfangreiche Sammlung von Kunst und Design in vier Gebäuden im Zentrum der Stadt. Die Gebäude liegen nebeneinander und sind gut zu Fuß zu erreichen. Weltbekannte Künstler wie Edvard Munch, Paul Klee, Pablo Picasso, C. Dahl u. a. sind hier mit ihren Werken vertreten. Auch eine Chinasammlung und Kunsthandwerk der letzten fünf Jahrhunderte sind zu besichtigen. Die Museen sind seit 2013 unter dem Namen KODE organisiert und zu finden. Das ist ein Zusammenschluss des Vestlandske Kunstindustriemuseums und des Kunstmuseums Bergen.

KODE 1: Museum für angewandte Kunst

Das Museum ist wegen Sanierungsarbeiten bis 2017 geschlossen.

♦ Nordahl Bruns gate 9

Blick auf Bergen © Dieter Großelohmann

KODE 2: Stenersens Collection

Im 1978 errichteten Gebäude gibt es permanente und temporäre Ausstellungen mit Werken zeitgenössischer internationaler Kunst. Dazu zählen Zeichnungen und Gemälde weltbekannter Künstler wie Pablo Picasso, Paul Klee, Asger Jorn und Pierre Alechinsky, Corneille und Egill Jacobsen sowie Vertreter diverser Kunstrichtungen der Nachkriegszeit, darunter Victor Vasarely, Nicolas de Staël, Karl Dahmen und Rufino Tamayo.

Zu dieser einzigartigen Sammlung kam Bergen durch den Kunstsammler Rolf Stenersen, der seine Kunstsammlung 1971 für etwa ein Zehntel ihres tatsächlichen Wertes der Stadt Bergen verkaufte. Einzige Bedingung Stenersens war ein neues Gebäude für die Sammlungen, das dann auch errichtet wurde.

Das Café „Smakverket" und ein Museumsshop befinden sich im Erdgeschoss.

♦ Rasmus Meyers allé 3

KODE 3: Rasmus Meyer Collection

Das kleine, palastähnliche Gebäude wurde 1924 vom Architekten Ole Landmark entworfen. Es beherbergt u. a. eine wunderbare Sammlung von Kunst aus dem Goldenen Zeitalter der skandinavischen Kunst. Zur Ausstellung gehören Werke von Künstlern wie J. C. Dahl, Harriet Backer, Erik Werenskiold, Christian Krohg, Nikolai Astrup, Gerhard Munthe und anderen skandinavischen Malern von 1700–1915. Weiterhin sind Porzellan und Möbel zu sehen.

Für jeden Kunstinteressierten ist der Besuch dieses Museums ein Muss, beherbergt es doch eine der wichtigsten Sammlungen von Gemälden Edvard Munchs aus der Zeit 1880-1915. Auch eine Version des „Schrei" ist dabei.

Der norwegische Maler und Grafiker **Edvard Munch** (1863-1944) war Sohn eines Militärarztes und studierte nach dem Willen des Vaters zunächst Architektur an der Technischen Hochschule in Kristiania (heute Oslo), brach das Studium aber nach zwei Jahren ab, um Maler zu werden. Ab 1881 besuchte Munch die Zeichenschule in Oslo. Seine erste eigene Ausstellung hatte er 1889.

Schon früh litt er unter einer labilen seelischen Verfassung. Er kämpfte mit Ängsten und Depressionen, hatte psychosomatische Beschwerden und musste deshalb mehrfach in ein Sanatorium. In seinen Werken verarbeitet er in symbolhafter Weise immer wieder Bilder seiner Ängste.

Seine frühen Bilder zeigen Einflüsse des Neoimpressionismus, des Symbolismus und des Jugendstils. Allmählich entwickelte Munch seinen ganz eigenen Malstil, mit dem er seine Gefühle, Ängste und inneren Bilder unverwechselbar zum Ausdruck brachte. Mit seiner ersten großen Ausstellung 1892 gelang es ihm, in Berlin Fuß zu fassen. Ab 1895 erweiterte er seine Schaffenspalette um Radierungen, Grafiken, Lithografien und Holzschnitte.

1902 präsentierte er den Bilderzyklus „Lebensfries", zu dem die Bilder „Sommernacht", „Der Kuss", „Der Schrei", „Angst", „Madonna" u. a. gehören. Im selben Jahr lernte Munch den Lübecker Augenarzt Dr. Martin Linde kennen. Er wurde sein Freund und Mäzen zugleich.

Edvard Munch war nicht nur ein bedeutender Maler, er gilt auch als Wegbereiter des deutschen Expressionismus.

Die Sammlungen wurden von den Erben Rasmus Meyers gestiftet. Rasmus Meyer (1858-1916) war der erste bedeutende Sammler von Munch-Werken. Mit seiner Sammlung wollte er einen umfassenden Eindruck in die kreative Entwicklung des Künstlers ermöglichen. Er trug Hauptwerke aus allen künstlerischen Perioden Munchs zusammen, sodass Bergen heute über eine der weltweit bedeutendsten Sammlungen von Kunstwerken Munchs verfügt.

♦ Rasmus Meyers allé 7

KODE 4: Lysverket

Hier ist das erste Kunstmuseum für Kinder. Sie können sich als Künstler versuchen oder Anregungen in der Farben- oder Perspektivlehre finden. Im Gebäude befinden sich mehrere Ausstellungen: Im Erdgeschoss werden Werke des Malers Nikolai Astrup, im ersten Obergeschoss Kunst von der Renaissance bis zum 21. Jahrhundert und im zweiten Obergeschoss Gegenwartskunst gezeigt.

Im Restaurant „Lysverket“ gibt es leckere kleine und große Gerichte.

♦ Rasmus Meyers allé 9

Der Maler **Nikolai Astrup** (1880-1928), der 47-jährig an einer Lungenentzündung starb, zählt zu Norwegens größten Künstlern des frühen 20. Jahrhunderts. Der Vater von acht Kindern liebte starke, klare Farben. Seine Bilder mit der wilden, eindrucksvollen Natur und dem traditionellen Leben im Westen Norwegens haben das Selbstbild seiner Landsleute entscheidend geprägt.

♦ ☏ +47 55 56 80 00, Di-Fr 11:00-16:00, Sa+So 11:00-17:00, www.kodebergen.no, Eintritt für alle vier Museen: NOK 100, das Ticket ist zwei Tage gültig

Seefahrtsmuseum (Sjøfartsmuseum)

Für einen Norwegentouristen gehört der Besuch eines Seefahrtsmuseums zum Programm, ist doch Norwegen eine der wichtigen Seefahrtnationen der Welt. In der Geschichte Bergens hat die Seefahrt eine besonders wichtige Rolle gespielt. Im Seefahrtsmuseum, das seit 1962 besteht, werden Geschichte und Entwicklung der Seefahrt in Bergen hervorragend präsentiert. Auf einer Fläche von 2.200 m² können Sie sich zudem mit der wechselhaften Beziehung von Mensch und Meer auseinandersetzen. Schiffsmodelle und meeresarchäologische Funde bringen Licht in die Vergangenheit. Zur Vertiefung gibt es eine umfangreiche Bibliothek.

Für Norwegen sind die legendären Schiffe der Wikinger von besonderem Interesse und speziell für Bergen die Zeit der Hanse. Ein Einblick in den Alltag an Bord macht sehr schnell klar, dass das Leben hier hart war und nicht für Seefahrerromantik taugte.

♦ Haakon Sheteligs plass 15, ☏ +47 55 54 96 00 tägl. 11:00-15:00, Eintritt NOK 50, www.bsj.uib.no/wordpress/

Aquarium (Akvariet)

Das Aquarium wurde 1960 eröffnet und ist das größte in Nordeuropa. In über 50 kleinen und großen Aquarien gibt es nicht nur Fische von den Küsten Norwegens zu sehen, sondern auch Krokodile, Schlangen und Schildkröten. In den drei Außenbecken tummeln sich Robben und Pinguine. Komplettiert wird das Aquarium durch Reptilien und Affen. Stündlich gibt es eine Fütterung.

♦ Nordnesbakken 4, ☏ +47 55 55 71 71, www.akvariet.no, tägl. 10:00-16:00, Do 10:00-18:00

Bergen Museum (Universitätsmuseum)

Das Bergen Museum wurde 1825 gegründet und ist zugleich eine Fakultät der Universität von Bergen. Deshalb haben auch alle Studenten freien Eintritt. Die zwei Sammlungen, die kulturhistorische und die naturhistorische, sind in je einem Gebäude auf dem Campus der Universität untergebracht. Umgeben sind sie von einem sehr schönen botanischen Garten.

Die kulturhistorische Ausstellung ist eine der größten Norwegens und befasst sich mit Archäologie, Kunst- und Kulturgeschichte. Die norwegische, folkloristische und Kirchenkunst wird dem Besucher durch viele Exponate aus dem 17. und 18. Jahrhundert näher gebracht.

Die naturhistorische Sammlung gliedert sich in Zoologie, Geologie und Botanik. Hier gibt es Tiere aus aller Welt zu sehen. Viel Interessantes gibt es auch über Lebewesen aus der Urzeit zu erfahren. Der botanische Teil umfasst neben dem Gewächshaus mit tropischen Pflanzen auch einen herrlichen Museumsgarten.

Muséplass 3, ☏ +47 55 58 29 20, www.uib.no/universitetsmuseet/

Die naturhistorische Sammlung wird gerade saniert und ist bis 2018 geschlossen.

Was sich noch lohnt:

Ein ganz besonderer Höhepunkt ist es, **Bergen von der Seeseite** zu erleben. Eine Rundfahrt mit dem Veteranenschiff „White Lady“ macht dies möglich. Fjordrundfahrten können bei der Touristeninformation gebucht werden. Dauer: 3 Stunden bis ganztägig.

Eine **Stadtrundfahrt** mit einem der roten Doppeldeckerbusse führt an allen wichtigen Sehenswürdigkeiten der Stadt vorbei. Abfahrtsort ist das Skolten Cruise Terminal ca. 10 Minuten von der Schiffsanlegestelle entfernt. Die Tour umfasst 13 Haltestellen. Sie können an jeder Haltestelle aussteigen und nach einer Besichtigung mit dem nächsten Bus weiterfahren.

ℹ Touristeninformation, Strandkaien 3, ☏ 55 55 20 00, Juni-Aug. tägl. 8:30-22:00, Mai + Sept. tägl. 9:00-20:00, Okt.-April Mo-Sa 9:00-16:00

Tipp: Wer einen längeren Aufenthalt plant oder viel unternehmen möchte, für den empfiehlt sich der Kauf einer „Bergen Card". Damit können Sie kostenlos mit Bus und Stadtbahn fahren. Außerdem haben Sie ermäßigten, teilweise auch freien Eintritt zu Museen und anderen Sehenswürdigkeiten.

♦ 24 Stunden - NOK 200, 48 Stunden - NOK 260

♦ Adresse des Hurtigruten Terminals: Nøstegaten 30, N-5010 Bergen.

Unterwegs nach Ålesund

Jugendstilstadt Ålesund

Altstadt mit prächtigen Jugendstilfassaden

Häfen: Florø, Måløy, Torvik, Ålesund, Molde

Die am Eingang zum Geirangerfjord gelegene Stadt Ålesund liegt in der Provinz Møre og Romsdal und hat etwa 150.000 Einwohner. Ålesund wurde erstmals in der Mitte des 15. Jahrhunderts als Niederlassung Bergener Kaufleute urkundlich erwähnt. 1848 erhielt Ålesund Stadtrecht und entwickelte sich rasch zu einem der größten norwegischen Fischereihäfen sowie zum größten Exporthafen für Stockfisch.

Für den Namen der Stadt gibt es zwei Vermutungen: Am wahrscheinlichsten ist, dass Ålesund nach den Aalen benannt wurde, die man dort aus dem Sund fischte. Möglich ist auch, dass sich der Name von „einer tiefen Rinne in flachem Fahrwasser", die es im Sund wirklich gibt, ableitet.

Zwar ist Ålesund keine Großstadt, aber zahlreiche Veranstaltungen wie das Jazzfestival, Theateraufführungen und das kulinarische Gourmetfestival sorgen für vielfältige Erlebnisse.

Ålesund zählt mit seiner wunderbaren Jugendstilarchitektur zu den schönsten Städten Norwegens. Diese Pracht ist aber buchstäblich aus Feuer geboren. In der Nacht vom 22. zum 23. Januar 1904 läuteten die Glocken Alarm. In der Konservenfabrik Ålesund Preserving Co war ein Feuer ausgebrochen. Ein Orkan blies in jener Schicksalsnacht aus Südwesten, wodurch sich das Feuer schnell ausbreiten konnte. Bald war die ganze Stadt ein Flammenmeer. Trotzdem starb aber nur ein Mensch.

Das Ausmaß der Katastrophe war für die Stadt verheerend. Rund 850 Häuser brannten nieder und etwa 10.000 Menschen wurden obdachlos. Der Wiederaufbau der einst bedeutenden Fischereistadt erfolgte rasch. Nach drei Jahren waren bereits cirka 400 Häuser im Stadtzentrum fertiggestellt. Nie zuvor hatten sich so viele norwegische Architekten zu einem gemeinsamen Großprojekt vereinigt. Den Wiederaufbau der Stadt plante der Stararchitekt Hagbarth Schytte-Berg, der in Deutschland studiert hatte.

Der norwegische Architekt **Hagbarth Schytte-Berg** (1860-1944) studierte zunächst in Trondheim und von 1882-1883 an der Technischen Hochschule Hannover. Dort war er Schüler von Conrad Wilhelm Hase. Nach einigen Jahren als Zeichner studierte er von 1889-1890 an der Technischen Hochschule Charlottenburg, wo er sich als Schüler von Johannes Vollmer vorwiegend mit

Sakralarchitektur beschäftigte. Zurück in Norwegen arbeitete er bis 1904 überwiegend in Kristiania. Nach der fast vollständigen Zerstörung von Ålesund wurde er beim Wiederaufbau einer der leitenden Architekten.

Auch der deutsche Kaiser Wilhelm II. hatte seinen Anteil am zügigen Wiederaufbau. Der Norwegenfan schickte, als er von der Katastrophe hörte, sofort Essen, Kleidung, Medikamente und Baumaterialien. Er entsandte vier Schiffe der Reichsmarine zur Katastrophenhilfe, die er aus seinem Privatvermögen finanzierte. Nach dem Löschen der Ladung wurden die Schiffe vorübergehend als Notunterkunft für die Obdachlosen genutzt. Die „Keiser Wilhelmsgate", eine Straße in der Innenstadt, erinnert noch heute an den großzügigen Helfer; ebenso ein sieben Meter hoher Obelisk, ein Ausflugsdampfer mit seinem Namen und ein Kirchenfenster mit preußischem Wappen.

Die neue Stadt sollte besser und schöner wieder aufgebaut werden. Die Straßen wurden breiter angelegt und nach einem neuen Erlass der Regierung durften die Häuser in den norwegischen Stadtzentren nur noch aus Stein gebaut werden. Größtenteils wurden die neuen Häuser im Jugendstil errichtet, wofür die Stadt über die Grenzen Norwegens hinaus Berühmtheit erlangte.

Begünstigt wurde der schnelle Wiederaufbau durch mehrere Faktoren: Baumaterial war wegen der Wirtschaftskrise billig, Arbeitslose zog es aus dem Süden nach Ålesund, die Versicherungen regulierten etwa 70 % der Schäden und der Rest wurde vom ersten Aktienfonds Norwegens finanziert, den wohlhabende Bürger gründeten. Nach nur sieben Jahren war die Stadt fast komplett wieder aufgebaut und das vollständig im Jugendstil. Häuser im Jugendstil gibt es in vielen europäischen Städten, hier aber ist es die ganze Stadt.

Im Haus der ehemaligen Schwanenapotheke und heutigem Jugendstilzentrum können die Besucher im Hinterzimmer mit einer „Zeitmaschine" die dramatischen Ereignisse um die Brandkatastrophe hautnah erleben. Die Schwanenapotheke zählt zu den wichtigsten und schönsten Gebäuden des Wiederaufbaus. Der ehemalige Verkaufsraum der Apotheke ist noch so erhalten wie im Neuzustand 1907. Die Apotheke war von 1819 bis 2001 in Betrieb. Dann zog das Jugendstilzentrum ein.

Am nahe gelegenen Ålesund-Kanal befindet sich eine Reihe hübsch renovierter Häuser, die früher größtenteils Fischfabriken waren. Erkennbar sind noch die Öffnungen der Kräne zum Verladen des Fangs. Die ehemaligen Speicherhäuser zählen heute zu den begehrten Immobilienlagen der Stadt.

Sehenswürdigkeiten in Ålesund

Im **Stadtpark** von Ålesund laden lauschige Plätze mit Bänken zum Verweilen ein. Im Park, der 1885 entstand, stehen neben heimischen Pflanzen auch ganz exotische wie der seltene chilenische „Affenschwanzbaum". Der französische Bildhauer Arséne Letellier schuf 1863 ein Rollo-Denkmal aus Granit. Als Gruß an den Geburtsort des Wikingers Hrolf Ganger erhielt Ålesund 1911 einen Bronzeabdruck der Statue als Geschenk. Seit über 100 Jahren steht sie inzwischen im Stadtpark, der auch einen sieben Meter hohen Obelisken zu Ehren des deutschen Kaiser Wilhelm II. beherbergt. Bis heute ist die Stadt ihm für seine Hilfe beim Wiederaufbau nach dem Brand von 1904 dankbar.

Rollo (875-931), auch **Hrolf Ganger** genannt, gilt als erster Herzog der Normandie, obwohl es nicht ganz sicher ist, ob er den Titel „Duc", also Herzog, damals bereits trug. Sicher ist, dass er als Anführer der Wikinger 911 beim letzten großen Überfall der Wikinger auf Frankreich die Normandie eroberte und sich das Gebiet von König Karl III. von Frankreich als Lehen übertragen ließ.

Der Sage nach kam er zu seinem Spitznamen „Hrolf Gangar" (= Rolf der Geher), weil Rollo so groß und schwer war, dass ihn kein Pferd tragen konnte und er deshalb immer zu Fuß gehen musste.

Vom Stadtpark aus, der auch einen sehr schönen Spielplatz hat, gelangen Sie über sportliche 418 Stufen auf den im Herzen der Stadt liegenden Berg Aksla. Auf halber Höhe gibt es eine dreieckige Plattform zum Verschnaufen. Sie wird von den Einheimischen liebevoll „Bügeleisen" genannt. Von dort ist die Altstadt bereits bestens zu sehen. Weiter oben, am Ende der 418 Stufen, belohnt Sie ein wunderschöner Panoramablick auf die ganze Stadt mit ihren Kanälen, das Meer, seine Inseln und den Hafen, über den Fjord und die Gipfel der Sunnmøre-Alpen.

Auf dem Berg Aksla steht ein Denkmal für den norwegischen Schriftsteller, Dichter und Kritiker Kristofer Randers (1891-1917).

Auf Aksla gibt es zwei Aussichtspunkte: Kniven und Fjellstua. Ein besonders schönes Plätzchen ist die Terrasse des Restaurants „Fjellstua".

Das **Jugendstilzentrum** in der ehemaligen Schwanenapotheke dokumentiert die Architekturgeschichte der Stadt. Das natursteinerne Gebäude mit dem runden Eckturm befindet sich im Herzen der Altstadt am Brosundet-Kanal und ist eines der wichtigsten Gebäude der Architektur des Wiederaufbaus. Neben der

Apotheke sind hier auch die Wohnräume der Familie Øwre untergebracht. Die Innenräume bezaubern durch ihre authentische Ausstattung im Jugendstil, die im Originalzustand wiederhergestellt wurde.

Die Apotheke selbst wurde 1819 eröffnet und war bis 2001 in Betrieb; sie ist eine der ältesten Einrichtungen der Stadt.

Jugenstilzentrum in der ehemaligen Schwanenapotheke

Das Jugendstilzentrum wurde 2003 von Königin Sonja eröffnet. Über drei Stockwerke wird die ganze Bandbreite des norwegischen Jugendstils gezeigt. Moderne Multimediaprogramme machen die Geschichte des verspielten Jugendstils besonders anschaulich.

Eine „Zeitmaschine" versetzt Sie in das Jahr 1904. In einem Hinterzimmer schließt sich die Tür hinter den Besuchern, die Jahre rattern zurück bis auf der Anzeige 1904 steht und sich eine Tür auf der anderen Seite des Raumes öffnet. Ein Sturm heult, Glocken läuten und Sie gehen hinaus in die Nacht des 23. Januar 1904. Dabei bekommen Sie einen beeindruckenden Einblick in den Ablauf des verheerenden Stadtbrandes und den darauf folgenden Wiederaufbau.

♦ Apotekergata 16, ☏ +47 70 10 49 70, 💻 www.jugendstilsenteret.no, 🚪 Juni-Aug. tägl. 10:00-17:00, Sept.-Mai Di-So 11:00-16:00, Eintritt: NOK 75

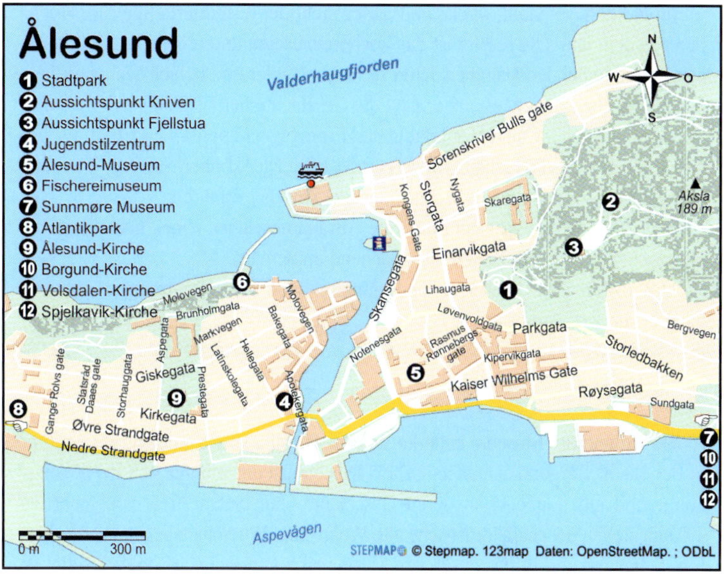

Zum Pflichtprogramm für Ålesund-Besucher gehört das **Ålesund-Museum**. Es erzählt und dokumentiert die Stadtgeschichte und zeigt die Entwicklung Ålesunds vom Fischerdorf zur modernen Hafenstadt. Man erhält einen Überblick darüber, wie die Bewohner einst jagten, fischten und Boote bauten. Ein großes Modell der „Brudgeeget", dem berühmten Schiff der norwegischen Fjorde, zieht die Besucher stets in ihren Bann. Es wurde 1904 erstmals gebaut. Aufgrund seiner speziellen eiförmigen Bauweise kentert es nur sehr schwer und wurde damit zum Vorbild für den Bau Tausender Rettungsboote, die sich besonders bei stürmischem Wetter auszeichnen.

Selbstverständlich wird auch das große Feuer von 1904 im Stadtmuseum thematisiert. In einer alten Scheune aus dem Jahr 1812 gibt es einen wunderschönen, alten Supermarkt.

Eine weitere Ausstellung widmet sich der Zeit der deutschen Besetzung von 1940 bis 1945.

♦ Rasmus Rønnebergs gate 16, ☏ +47 70 16 48 42, 💻 www.aalesunds.museum.no, Mo-Fr 9:00-15:00, Eintritt: NOK 50

Im Norden der Stadt, direkt am Wasser, steht der restaurierte Speicher Holmbua aus dem Jahr 1861. Hier ist das **Fischereimuseum** untergebracht. Das auffällige Gebäude fiel den Flammen 1904 nicht zum Opfer und behielt sein ursprüngliches Aussehen. Das Museum erzählt die Geschichte der Fischereistadt Ålesund. Kern der Ausstellung sind Herstellung und Export von Klippfisch und Tran. Es gibt eine Küche, in der Dorschleberöl hergestellt wird. Hier können Sie mehr über fast ausgestorbene Berufe wie Böttcher oder Blockmacher erfahren.

Seit 2009 ist das Museum um eine Attraktion reicher: eine Ausstellung zur Geschichte der Tiefseefischerei ist spannend aufbereitet.

Das rhythmische Schlagen der Halbdiesel- und Dampfmotoren schafft eine ganz besondere Atmosphäre.

♦ Molovegen 10, ☏ +47 70 16 48 42, 💻 www.aalesunds.museum.no, 🚪 Mo-Fr 9:00-15:00, Eintritt: NOK 50

Das **Sunnmøre Museum** befindet sich ca. 10 Min. vom Stadtzentrum entfernt in der Bucht Borgundkaupangen. Das Freilichtmuseum widmet sich der Küstenkultur und gibt Einblicke in deren Geschichte. Auf einem Areal von mehr als 120 ha stehen 55 charakteristische alte Wohn- und Wirtschaftsgebäude, Almhütten, Scheunen und Bootshäuser. Am Museumskai und in einer Bootshalle gibt es typische Boote aus der Region zu sehen. Interessant sind einige originalgetreue Nachbauten, z. B. das Wikingerschiffs Borgundknarren und das Kvalsund-Boot.

Das **Kvalsund-Boot** stammt aus der Vorwikingerzeit und wurde 1920 auf der Insel Nerlandsøya gefunden. Durch die Radiokarbonmethode konnte das Boot auf das Jahr 690 +/- 70 datiert werden. Es hatte eine Länge von 18 m, eine Breite von 3,2 m und einen Tiefgang von 78 cm. Das Kvalsund-Boot wurde von bis zu 20 Männern gerudert, aber auch Segeln war möglich.

Das Sunnmøre Museum wurde 1932 gegründet. Die archäologische Abteilung ist wegen ihrer aus der Steinzeit, dem Altertum und dem Mittelalter stammenden Fundstücke besonders aufschlussreich. Sie belegen, dass die Bucht früher ein bedeutender Handelsplatz war. Das Altertum- und Mittelaltermuseum zeigt Objekte aus der Kulturgeschichte dieses norwegischen Landesteils von der älteren Steinzeit bis zum 14. Jahrhundert.

Am Kai liegt die berühmte „Heland“, ein Fischkutter aus dem Jahr 1937, der im 2. Weltkrieg als Fluchtfahrzeug diente.

♦ Museumsvegen 1, ☏ +47 70 16 48 70, 💻 www.sunnmoremuseum.no, 🚪 Mo-Fr 10:00-16:00, So 12:00-16:00

Jugendstilornamente

Der **Atlantikpark** ist eines der größten Salzwasseraquarien Nordeuropas. Auf einer Ausstellungsfläche von etwa 4.000 m² kann man die Unterwasserwelt Norwegens kennenlernen. Auf dem Areal befinden sich elf riesige Landschafts-aquarien, drei offene Becken und ein Tiefseeaquarium. Die Hauptattraktion ist ein Salzwasseraquarium mit vier Millionen Litern Wasser. Hier gibt es Katfische (Seewolf), Dorsche, Krabbenfische, Meeraale, Heilbutt und andere Meeresbewohner zu sehen, die an der Küste Norwegens zu Hause sind. Spektakulär sind die täglichen Fütterungen, die Taucher vornehmen, während die Besucher alles durch die Scheibe verfolgen können. Besonders beliebt bei Jung und Alt ist die Pinguinfütterung.

♦ Tueneset, ☏ +47 70 10 70 60, 💻 www.atlanterhavsparken.no/deutsch, Sept.-Mai: Mo-Sa 11:00-16:00, So 11:00-18:00, Juni-Aug.: So-Fr. 10:00-18:00, Sa 10:00-16:00, Eintritt: NOK 170

Die **Ålesund-Kirche** prägt das Stadtbild wie kein anderes Gebäude der Stadt. Das 1909 geweihte Gotteshaus mit seinen schönen Glasmalereien steht auf historischem Boden. 1854 wurde hier die erste Kirche von Ålesund errichtet, die, gerade einmal 50 Jahre alt, dem Flammenmeer zum Opfer fiel. Für den Neubau wurde ein Architektenwettbewerb ausgerufen, für den 63 Vorschläge eingereicht wurden. Sverre Knudsen gewann den ersten Preis und bereits im Sommer 1906 legte König Haakon VII. den Grundstein. Nach einigen Modifizierungen in der Bauphase entstand eine neue Kirche, die noch immer in Beziehung zur vorherigen steht.

Das Glasgemälde am Giebel hinter der Orgel ist ein Geschenk Kaiser Wilhelm II. zur Einweihung. Die prächtigen Fresken schuf Enevold Thømt von 1918-1928.

♦ Kirkegata 2, ☏ +47 70 16 53 00, 💻 www.kirken-aalesund.no, Juni-Aug. 10:00-14:00

Die **Borgund-Kirche** mit den schönen Holzschnitzereien im Inneren wurde 1907 fertiggestellt. Das Querschiff steht auf den Resten der alten Peterskirche aus dem 12. Jahrhundert.

Nach der starken Zerstörung 1904 wurde die Kirche unter Christian First umfassend restauriert. Das „neue“ Gotteshaus ist inzwischen über 100 Jahre alt und wurde von seiner Gemeinde in Anlehnung an das alte nach dem großen Brand zügig wieder aufgebaut. Sehenswert sind die kunstvollen Holzschnitzereien, die Deckenverkleidung und der steinerne Altar aus dem Mittelalter.

Zur Kirche gehört ein schöner Friedhof mit gepflegten Gräbern; einige Grabsteine sind älter als die Kirche selbst.

♦ Borgundgavlen 51, ☏ +47 70 16 53 41, 💻 www.kirken-aalesund.no, Juni-Aug. Di-So 10:00-14:00

2 Kilometer östlich des Stadtzentrums steht die 1974 eingeweihte moderne **Volsdalen-Kirche**. Sie bietet Platz für 500 Personen. Die Entwürfe stammen von Leif Olav Moen; die farbprächtigen Glas- und Ölbilder von Franz Widerberg. Die Westwand wird von einem 15 m großen Glasbild dominiert. Auch das dreigeteilte Altarbild ist von Widerberg. Fußboden und Taufbecken sind aus norwegischem Schiefer und stehen für die „Beständigkeit als Fundament des Glaubens".

♦ Borgundveien 120, 💻 www.kirken-aalesund.no/volsdalen, ☏ +47 70 12 28 47,
Juni-Aug. Di-So 10:00-14:00

Die **Spjelkavik-Kirche** befindet sich 10 km östlich des Stadtzentrums von Ålesund. Die moderne Kirche wurde erst 1987 fertiggestellt. 96 Fenster mit großartigen Glasmalereien des bekannten norwegischen Künstler Hakon Bleken (geb. 1929) zieren das Gotteshaus.

♦ Vestmoa 20, ☏ +47 70 16 53 00,
💻 www.aalesundfr.dnn2.labora-portal.no/Spjelkavik,
Mo-Fr 9:00-15:00, Sa+So geschlossen

Nicht weit von Ålesund entfernt liegt die beeindruckende Fjordlandschaft **Geirangerfjord**. Die Schiffe der Hurtigrute fahren an 800 m hohen, steilen Felswänden und an mehreren Wasserfällen vorbei hinein in den Geirangerfjord. Dieser zählt wegen seiner Einzigartigkeit zum UNESCO-Weltnaturerbe. Diese „Perle" aller norwegischen Fjorde gehört zu den klassischen und obligatorischen Sehenswürdigen einer Postschiffreise auf der Hurtigrute.

Der Fjord erstreckt sich über 100 km von Ålesund nach Geiranger. Am Beginn dieser Strecke gibt es noch betriebsame Orte, während in der Mitte mächtige Bergmassive den Wasserzugang versperren, sodass der Mensch hier nicht siedeln konnte. Lediglich der kleine Ort Stranda mit seinen 4.600 Einwohnern trotzte diesen Bedingungen. Am Ende des Fjords dominieren die Berge, die nur geringe Mengen Atlantikwassers hereinlassen. Hier sind nur noch wenige Menschen, meistens Individualisten, zu finden. Auf Felsvorsprüngen haben sie ihre Domizile errichtet. Böse Zungen behaupten, dass es den Steuerbeamten nicht mal auf Leitern gelänge, diese zu erreichen!

Königsstadt Trondheim
Im Nidarosdom

Häfen: Kristiansund, Trondheim, Rørvik

Trondheim wechselte in seiner über tausendjährigen Geschichte mehrfach seinen Namen. Nidaros, „Stadt an der Mündung des Nidelven", ist der erste bekannte Name. Im späten Mittelalter war hier die Heimat des Volkes Trønder und die Stadt wurde Trondheimen genannt. Unter dänischer Herrschaft wurde daraus Trondhjem. 1930/31 gab es einen heftigen Streit darüber, ob die Stadt nun Nidaros oder Trondhjem heißen soll. Nach unendlichen Debatten einigte man sich auf den offiziellen Namen Trondheim. Trotzdem nennen viele Bewohner ihre Stadt noch immer Trondhjem und sich selbst „Trondhjemmere".

Im Jahre 997 gründete der Wikingerkönig Olav Tryggvason an der Mündung des Flusses Nidelva die Stadt Trondheim, die sich damals Nidaros nannte. Daraufhin war Nidaros 200 Jahre lang Hauptstadt Norwegens. Seit jener Zeit ist Trondheim Krönungsstadt der norwegischen Könige. Seit 1152 ist die Stadt Sitz des Erzbischofs. Im gleichen Jahr öffnete die erste Schule des Landes, die Kathedralenschule, ihre Türen.

Allmählich entwickelte sich die Stadt zu einem wichtigen regionalen Handelszentrum.

Trondheim ist mit seinen mehr als 180.000 Einwohnern nach Oslo und Bergen die drittgrößte Stadt Norwegens. Sie breitet sich auf einem Territorium von 342 km^2 aus und ist ein wichtiges Wirtschafts-, Verkehrs-, Verwaltungs- und Kulturzentrum in Mittelnorwegen. Auch die Provinzialregierung hat hier ihren Sitz. Allein das Universitätskrankenhaus hat 10.000 Beschäftigte und an der Technischen Universität sind fast 30.000 Studenten eingeschrieben, die der Stadt einen jugendlichen Touch geben. In Zusammenarbeit mit der TU haben sich Technologiezentren und Forschungseinrichtungen niedergelassen. Maßgeblich durch die innovative Technisch Naturwissenschaftliche Universität und das Forschungszentrum SINTEF hat sich Trondheim zur Technologie-Hauptstadt Norwegens entwickelt. Etwa 80 Prozent der Bauingenieure haben hier studiert und anschließend Karriere gemacht. Auch die Dichte anderer zukunftsweisender Technologien ist extrem hoch: Energie und Umwelt, Medizin, Meeresforschung sowie Informations- und Kommunikationstechnologie sind hier zu Hause.

Flugplatz, Bahnverbindung und Hafen machen Trondheim zu einem wichtigen Verkehrsknotenpunkt; Theater, Museen und ein Symphonieorchester sind feste Bestandteile des vielfältigen Kulturangebots der Stadt. Trondheim hat eine ambitionierte Musikszene. Jedes Jahr finden hier im Mai das internationale Jazzfestival und im September das internationale Kammermusikfestival statt. Obwohl Trondheim eine vergleichsweise große Stadt ist, hat sie nichts vom Charme einer Kleinstadt verloren. Sie ist ein Ort voller Gegensätze: zum einen wundervolle alte Holzhäuser, Klosterruinen und die einmalige rote Stadtbrücke Bybroen von 1861 und zum anderen innovative Forschungsprojekte, Sportevents und ein quirliges Nachtleben.

♦ Touristeninformation, Nordre gate 11, ☏ +47 73 80 76 60, 🖳 www.visittrondheim.no, 🚪 1.1.-2.6. Mo-Fr 9:00-16:00, Sa 10:00-14:00, 3.6.-30.6. Mo-Fr 8:30-18:00, Sa + So 10:00-15:00, 1.7.-4.8. 8:30-19:00, Sa + So 8:30-17:00, 5.8.-1.9. 8:30-18:00, Sa + So 10:00-15:00, 2.9.-31.2. 9:00-16:00, Sa 10:00-14:00

Sehenswürdigkeiten in Trondheim

Besonders sehenswert ist der **Nidarosdom** (Nidarosdomen). 1030 fiel der Heiligenkönig Olav Haraldsson, auch Olav der Heilige genannt, in der Schlacht von Stiklestad. Über seinem Grab wurde eine Kirche gebaut. Der zwischen 1070 und 1300 erbaute Dom ist Norwegens größtes religiöses Bauwerk im gotischen Stil. Sein Vorgängerbau war eine kleine Holzkirche, die mit der Stadtgründung errichtet und im 11. Jahrhundert durch eine Steinkirche ersetzt wurde. Daraus entwickelte sich bis zum 13. Jahrhundert die Kathedrale Nidarosdom als Bischofssitz. Im Spätmittelalter wurde die Bischofsresidenz zur Burg ausgebaut. Der Nidarosdom ist die nördlichste Kathedrale der Welt, Pilgerziel und Nationalheiligtum des Landes. Die Kirche hat vier Pastoren und fünf Chöre mit mehr als 300 Sängern.

Das markanteste Kennzeichen des Nidarosdoms ist die Westfassade. Sie ist ein Musterbeispiel einer Schirmfassade. Um eine ausgedehnte Fassade zu bekommen, wurden die beiden Türme weit auseinander gesetzt und durch eine Schauwand mit Statuen verbunden. Von den ursprünglich 59 Statuen gibt es nur noch 5 Originale aus dem Mittelalter. Sie können im Erzbischöflichen Palais besichtigt werden. Ihre Kopien sowie 54 Neuanfertigungen norwegischer Künstler schmücken heute die Westfassade.

Am Nidarosdom erzählen Steinmetzmarken von der Baugeschichte des Gotteshauses. Im Mittelalter bezahlte man Steinmetze nach Steinen. Daher kennzeichneten sie die von ihnen gefertigten Steine mit ihrem persönlichen Zeichen. Es wurden etwa 8.000 Marken von mehr als 250 verschiedenen Handwerkern gefunden. Das ist europaweit die größte Zahl solcher Marken an einer Kathedrale.

Trondheim
1 Nidarosdom
2 Museum im Erzbischofspalais
3 Stiftsgarden
4 Munkholmen
5 Nationalmuseum Ringve
6 Sverresborg Trondelag Volksmuseum
7 Rockheim-Museum
8 Trondheim Kunstmuseum
9 Agdenes Fyr
10 Kjeungskjær fyr
4 9 10
Strindfjorden
Pir I
Havnegata
Brattørkaia
Nidelv bru
Nordre avlastningsveg
Jernbanebrua
Verftsbrua
Fjordgata
Søndre gate
Brattørbrua
Jomfrugata
Olav Tryggvasons gate
Krambugata
Kjøpmannsgata
Bakke bru
Thomas Angells gate
Munkegata
Nordre gate
Dronningens gate
Svingbrua
Sandgata
St.Olavs gate
Hospitalsgata
Batterigata
Lillegata
Voldgata
Kongens gate
Vår Frue Strete
Nygata
Nedre Bakklandet
Nedre Møllenberg gate
Erling Skakkes gate
Elvegata
Nidareid bru
Port Arthur
Gamle Bybro
Brubakken
Nedre Kristianstens gate
Suhms gate
Bispegata
Prinsens gate
Gangbrua
Nidelva
ØvreBakklandet
Lillegårdsbakken
Klostergata
Gudruns gate
Elgeseter bru
Vollabakken
Vollafallet
Parkveien
N W O S
0 m 300 m
STEPMAP © Stepmap. 123map Daten: OpenStreetMap. ; ODbL

Im Sommer kann der Turm bestiegen und die Aussicht auf die Stadt genossen werden.

♦ Bispegata 11, ☏ +47 73 89 08 00, 💻 www.nidarosdomen.no, 🚪 Mo-Fr 9:00-18:00 (Juni-Aug), 9:00-15:00 (Mai), 9:00-14:00 (Sept-April), Sa 9:00-14:00, So 9:00-15:00

Nidarosdom außen

In den unterschiedlichsten Ausführungen ist die Rose (Trondhjemsrosen) bereits seit dem Mittelalter das Wappen der Stadt. Im 18. Jahrhundert wurde die fünfblättrige Rose auch offizielles Symbol Trondheims.

Im zum Dom gehörigen **Waagenhaus** (Riksregaliene) werden die Kronjuwelen des norwegischen Könighauses aufbewahrt. Diese Kronjuwelen sind einerseits nationale Symbole und andererseits auch wundervolle Meisterwerke der Goldschmiedekunst. Die Königskrone Norwegens wurde 1818 von König Karl XIV. Johann anlässlich seiner Krönung gestiftet. Sie erlebte seither vier Krönungen und zwei Segnungen. Die Königskrone ist Symbol für die über 1.000-jährige Monarchie als Regierungsform Norwegens.

♦ ☏ 47 73 89 08 00, 💻 www.nidarosdomen.no, 🚪 Jan-Mai: Mo-Fr 10:00-14:00, Sa 10:00-15:00, So 12:00-16:00, Juni-Aug: Mo 10:00-17:00, Sa 10:00-15:00, So 12:00-16:00, Sept-Dez: Mo-Fr 11:00-14:00, Sa 11:00-15:00, So 12:00-16:00

Karl XIV. Johann, eigentlich **Jean Baptiste Bernadotte**, (1763-1844) war ein französischer Marschall und Fürst von Ponto Corvo. 1818-44 war Bernadotte als Karl XIV. Johann König von Schweden und als Karl III. Johann König von Norwegen. Karl XIV. Johann ist der Begründer des schwedischen Königshauses Bernadotte, das noch heute in Schweden regiert. Er wurde nach seinem Tod in der Stockholmer Riddarholmskyrkan bestattet.

Seine Frau Désirée Clary, die er 1798 heiratete, war von April 1795 bis 1796 mit dem damals noch unbedeutenden General Napoleon Bonaparte verlobt. Désirées Schwester heiratete 1794 Joseph Bonaparte. Zeitlebens herrschte zwischen Napoléon und Bernadotte eine Art Hass-Liebe. In der Kaiserzeit war Bernadotte einer der 14 Marschälle, mit denen Napoléon seine Feldzüge befehligte. Als Schweden immer größere französische Repressalien erleiden musste, schloss er sich 1812 den Gegnern Napoleons an.

Das **Museum im Erzbischofspalais** (Museet Erkebispegården) zeigt einige der schönsten Funde archäologischer Grabungen aus den 1990er-Jahren und die erzbischöfliche Münzwerkstatt. Das Museum ist noch recht jung. 1983 brannten zwei Holzgebäude im Erzbischofspalais komplett nieder. Auf dem frei gewordenen Gelände entstand das Museum.

♦ Kongsgårds gate 1b, ☏ +47 73 89 08 00, 🚪 Mo-Fr 11:00-14:00, Sa 11:00-15:00, So 12:00-16:00

Von 1774-1778 ließ die ehrgeizige Geheimrätin Cecilie Christine Schøller das beeindruckende Palais **Stiftsgarden** (Stiftsgården) als Wohnhaus für sich bauen. Es ist eines der größten Holzpalais Skandinaviens und offizielle Königsresidenz Trondheims. Das 4.000 m² große, schlossähnliche Gebäude im klassizistischen Stil war einst Treffpunkt reicher Kaufmannsfamilien und der Oberschicht der Stadt. 1800 verkaufte Stie Tønsberg von Krogh, Enkel der Geheimrätin, das Gebäude an die Stadt. Bis 1906 war es daraufhin „Haus des Stiftsamtmanns", des höchsten Verwaltungsbeamten des Stifts oder Bistums. Seit der Krönung von König Haakon und Königin Maud 1906 ist der Stiftsgarden offizielle königliche Residenz in Trondheim. Hier beginnt die Prozession zum Nidarosdom und hier wird nach der Krönung bzw. Segnung des neuen Königs gefeiert. Das Palais ist ein wichtiges Bauwerk norwegischer Architektur. Es gibt sowohl Elemente des Rokoko als auch des Neoklassizismus. Die Fassade ist streng neoklassizistisch; die Details hingegen aus dem Rokoko. Das Gebäude hat zwei Seiten- und einen Hauptflügel. Die Innenausstattung stammt noch weitgehend aus dem 19. Jahrhundert. Anlässlich der verschiedenen Krönungen kam es immer wieder zu Renovierungen.

♦ Munkegata 23, ☏ +47 73 84 28 80, 💻 www.nkim.museum.no/stiftsgarden.htm, 🚪 1.6.-20.8. Mo-Sa 10:00-16:00, So 12:00-16:00

Vor der Hafeneinfahrt liegt die Insel **Munkholmen**. Auf ihr wurde während der Zeit der Christianisierung im frühen 11. Jahrhundert ein Benediktinerkloster errichtet- eines der ersten Klöster in Skandinavien überhaupt. Nach einem verheerenden Brand 1531 wurde das Kloster stillgelegt. 1648 wurde es zu Festung und Gefängnis umgebaut. Im 2. Weltkrieg stellten die deutschen Besatzer hier Fliegerabwehrkanonen auf, deren Reste noch zu besichtigen sind.

Heute ist die Insel ein beliebtes Ausflugsziel und mit Booten zu erreichen. Hier kann man baden und es gibt einen herrlichen Ausblick auf die Seeseite Trondheims.

Insel Munkholmen

♦ Ausflüge zur Insel Munkholmen werden von April bis zum 30. September vom Hotel Nova organisiert. ☏ +47 73 80 63 00, ✉ post@nova-trondheim.no. Von Ravnkloa fährt stündlich ein Linienboot ab, die Öffnungszeiten der Festung sind auf den Bootsverkehr abgestimmt.

Exponate im Ringvemuseum

Das Nationalmuseum **Ringve** ist ein Muss für Musikliebhaber. Im nationalen Musikmuseum gibt es mehr als 2.000 Instrumente. Musizierende Führer erzählen interessante Episoden aus der Musikgeschichte und machen Livemusik auf alten Instrumenten. Besonders beeindruckend ist der Klang der Hausorgel aus dem 17. Jahrhundert und das selbst spielende Klavier aus dem Jahr 1917.

♦ Lade allé 60, ☏ +47 73 87 02 80, 🖳 www.ringve.no, Mai-Sept tägl. 10:00-16:00, Juni tägl. 10:00-14:00, Juli tägl. 10:00-20:00, Sept-Dez So 11:00-16:00, der geführte Rundgang beginnt von 12:00-15:00 Uhr stündlich

Im kulturhistorischen **Sverresborg Trondelag Volksmuseum** wurden mehr als 60 alte Gebäude aus der Region zusammengetragen. Sie stammen sowohl von den Fjorden als auch aus den Bergen. Im Teil mit den Gebäuden aus der Zeit um die Jahrhundertwende vom 19. zum 20. Jahrhundert gibt es u. a. eine

Zahnarztpraxis, einen Kolonialwarenladen und eine Post. Eine der Hauptattraktionen ist eine Kirche aus dem Jahr 1170. Im Sommer wartet ein alter Bauernhof mit Tieren auf Gäste. Zudem gibt es einen Museumsshop, ein Café und ein Restaurant. Im Hauptgebäude befindet sich eine bemerkenswerte Ausstellung mit dem Namen „Lebensbilder". Das Freilichtmuseum hat eine wunderschöne Umgebung. Von der Burgruine aus hat man einen fantastischen Ausblick auf die Stadt und den Trondheimsfjord.

♦ ☏ +47 73 89 01 00, 💻 www.sverresborg.no, 🚪 1.6.-31.8. tägl. 11:00-18:00, 1.9.-31.5. Mo-Fr 11:00-15:00, So 12:00-17:00

Das **Rockheim-Museum** ist ein modernes, interaktives Museum. Es beschäftigt sich mit der Geschichte der norwegischen Pop- und Rockmusik von den 1950ern bis zur Gegenwart. Seit seiner Eröffnung 2010 nimmt der Strom von Besuchern, die die Geschichte dieser Musik kennen lernen wollen, stetig zu.

Im „Zeittunnel", der ständigen Ausstellung des Rockheim-Museums, können Sie eine spannende Reise durch die norwegische Musikgeschichte unternehmen und sich selbst interaktiv ausprobieren. Wechselausstellungen sind in der dritten Etage untergebracht. Sie befassen sich besonders mit Musik und Gegenwartskultur. In der „Rockheim Hall of Fame" im Foyer des Museums werden Menschen gewürdigt, die sich um die norwegische Rock- und Popmusik verdient gemacht haben.

In der Mediathek kann man alles nachlesen, was mit Musik zu tun hat. In der dritten Etage ist „Selbstmachen" gefragt. Von Breakdance und Graffiti über Hip-Hop und Gitarrespielen bis zu Jammen und Produzieren eigener „Nummern" ist alles möglich.

Im Museumsshop kann man Noten, Biografien, T-Shirts, Postkarten, Becher, Plakate und vieles mehr kaufen. Der Shop befindet sich im Erdgeschoss.

♦ Brattørkaia 14, ☏ +47 73 60 50 70, 💻 www.rockheim.no, 🚪 1.6.-31.8.: Di-So 10:00-18:00, 1.9.-31.5 Di-Fr 11:00-19:00, Sa/So 11:00-18:00r

Gastro-Tipp

Im „Rockheim Panorama" gibt es leckere, mit Sorgfalt und Kreativität zusammengestellte, kleine und große Gerichte sowie Kaffee und Kuchen. Das Restaurant mit der großen Terrasse befindet sich im fünften Stock des Rockheim-Museums und macht seinem Namen „Panorama" alle Ehren: Von hier aus gibt es eine wunderschöne Aussicht über die Stadt und den Fjord.

♦ Das Restaurant ist während der Öffnungszeiten des Museums auch für Nichtmuseumsbesucher geöffnet.

Das **Trondheim Kunstmuseum** beherbergt in seinen beiden Gebäuden die drittgrößte Kunstsammlung Norwegens. Es werden Werke zeitgenössischer Kunst und eine Sammlung norwegischer und internationaler Kunst gezeigt. Derzeit gehören mehr als 5.000 Werke zur Sammlung. In der Bispegata 7 b befindet sich das Hauptgebäude des Kunstmuseums. Es wurde 1930 nach Plänen des Architekten Peter Daniel Hofflund errichtet. 2012 gab es eine umfassende Renovierung, um u. a. für stabilere Temperaturen und bessere Beleuchtung zu sorgen. Die Inneneinrichtung wurde weitgehend wieder in den Ursprungszustand von 1930 versetzt.

♦ TKM Gråmølna, Trenerys gate 9, TKM Bispegata, Bispegata 7 b, ☏ +47 73 53 81 80, 💻 www.trondheimkunstmuseum.no, 🚪 TKM Gråmølna Mi-So 10:00-16:00; TKM Bispegata Di, Do-So 12:00-16:00, Mi 12:00-21:00

Bei der Ausfahrt aus dem Trondheimfjord sieht man auf der Backbordseite einen der ältesten Leuchttürme Norwegens. Der Agdenes Fyr wurde 1804 auf Betreiben der Admiralität erbaut und ist der viertälteste Leuchtturm Norwegens. Zum markanten Leuchtfeuer kam 1956 ein 12 m hoher Turm hinzu. 1984 wurde das Feuer durch ein 600 m entferntes elektrisches Feuer ersetzt. Nach einer Komplettrenovierung 2005/2006 wird der Leuchtturm heute als Unterkunft an Touristen vermietet.

Kjeungskjær fyr

Am Nachmittag, ca. 14.35, fährt das Schiff in Richtung Nordwesten am wunderschönen Leuchtturm von Kjeungskjær vorbei. Er steht auf einer kleinen Schäre im Bjugnfjord vor Ørland. Der 21 m hohe Leuchtturm ist der einzige achteckige Leuchtturm in Norwegen. Der Turm wurde 1880 errichtet und 1906 aufgestockt. 1987 wurde der Leuchtturm automatisiert und ist seitdem nicht mehr ständig bewohnt. Er steht inzwischen unter Denkmalschutz und befindet sich inmitten eines Seevogelschutzgebietes. Urlauber können hier sechs Zimmer als Unterkunft mieten.

♦ Außer zur Zeit der Mitternachtssonne, vom 22. Mai bis 20. Juli ist das Leuchtfeuer ganzjährig in Betrieb.

Über den Polarkreis bis zu den Lofoten

Saltstraumenbrücke

Häfen: Brønnøysund, Sandnessjøen, Nesna, Ørnes, Bodø, Stamsund, Svolvær

Am frühen Morgen, auf der Passage zwischen Nesna und Ørnes, überquert das Schiff den nördlichen Polarkreis. Hier beginnt das „Reich Neptuns".

Zu diesem Anlass findet an Bord die obligatorische Polartaufe mit König Neptun statt. Dafür werden die Passagiere einer nach dem anderen mit einer Schöpfkelle voller Eiswürfel und Wasser getauft. Zum Nachweis der Polarkreisüberquerung gibt es anschließend eine Urkunde und zum Aufwärmen einen Schnaps.

Der **Polarkreis** liegt auf 66°33´ nördlicher Breite nur wenige Kilometer nördlich der norwegischen Stadt Mo i Rana und trennt mathematisch die polare Klimazone von der gemäßigten.

Der Polarkreis ist zudem jener Punkt, an dem einmal im Jahr, am 21.06. zur Sommersonnenwende und am 21.12. zur Wintersonnenwende, die Sonne einen Tag lang nicht unter- bzw. aufgeht. Am Nordpol dauern diese Zeiten der Mitternachtssonne und der Polarnacht je ein halbes Jahr. Die Lage der Polarkreise wird durch die Umlaufbahn der Erde um die Sonne und die Neigung der Erdachse bestimmt. Diese beträgt 23°27´. Nur durch diese Neigung kommt es nördlich bzw. südlich des Polarkreises zu Polartag und Polarnacht. Der Abstand des Polarkreises zum Pol beträgt 2.602 km und zum Äquator 7.383 km.

Vega-Archipel

Nur wenige Kilometer südlich des Polarkreises liegt an der Küste Nordnorwegens ein Teppich aus 6.500 Inseln und Schären: der Vega-Archipel. Er hat eine Gesamtfläche von 1.037 km². Die Hauptinsel ist Vega mit einer Größe von 15 km². Ein Ausflug zum Inselparadies, das selbst unter Norwegenfans noch ein Geheimtipp ist, ist besonders für Ornithologen und Naturliebhaber ein Genuss. Die meisten der Inseln sind unbewohnt, es gibt weder Häuser noch Wege, hier und da steht noch eine alte Fischerhütte. Die Inseln mit den wilden Gräsern und den kleinen Stränden sind nur via Boot zu erreichen.

Das einmalige 1.500-jährige Zusammenleben von Mensch, Natur und Eiderenten sowie Landwirtschaft und Fischerei veranlasste die UNESCO, dem Archipel am 1. Juli 2004 den Welterbestatus zu verleihen.

Eine Besonderheit des Vega-Archipels ist die Herstellung hochwertiger Daunen-Federbetten. Dazu werden Nistplätze für die Eiderenten eingerichtet und beschützt. Nachdem die Jungen flügge geworden sind, werden die Daunen aus den Nestern gesammelt, gereinigt und zu Bettdecken verarbeitet. Das alles geschieht in Handarbeit ohne Strom und Wasserleitung.

Bodø - Hauptstadt des Nordlandes

Am zeitigen Nachmittag erreicht das Schiff Bodø. Die Stadt hat ca. 48.500 Einwohner, ist 1.385 km^2 groß und liegt am Ende einer in den Vestfjord ragenden Halbinsel. Die durchschnittliche Jahrestemperatur Bodøs beträgt 4,6 °C und erreicht im Juli im Durchschnitt 13,6 °C und im Januar -2,6 °C.

Der Ort wurde 1816 an der Stelle gegründet, an der sich zu jener Zeit die Handelsniederlassung (Faktorei) Hundholmen befand. Im Zentrum ergiebiger Fischgründe gelegen sollte hier eine Handelsstadt für die nordnorwegischen Fischer entstehen. Mit nur 55 männlichen Bewohnern erhielt Bodø damals bereits Stadtrecht. Zwischen 1865 und 1885 sorgten große Heringsschwärme an der Küste für einen guten Fang und damit einhergehend für ein starkes Wachstum. Der Bau von Mole und Schiffsanleger 1904 führte durch das Anlegen der Hurtigrutenschiffe zu einer positiven Entwicklung des Personen- und Güterverkehrs.

Im 2. Weltkrieg wurde Bodø bei einem Bombenangriff der deutschen Luftwaffe am 27. Mai 1940 bis auf einige wenige Häuser fast vollständig zerstört, daher gibt es nur noch wenige wirklich historische Sehenswürdigkeiten. Bis zum Ende des Krieges mussten die meisten Bewohner in Notbaracken einquartiert werden. Nach notwendigem Wiederaufbau ist das Stadtbild bis heute von nüchterner Funktionalität geprägt. 1952 wurde Bodø Bischofssitz. Seit 1961 ist Bodø an die Eisenbahnstrecke der Nordlandbahn angeschlossen und damit ein wichtiger Verkehrsknotenpunkt und zweitgrößte Stadt Nordnorwegens.

Zur Zeit des Kalten Kriegs war Bodø als Luftstützpunkt Teil der NATO-Militärstrategie. In den Focus internationaler Politik und Aufmerksamkeit geriet die Stadt, als der Pilot Francis Gary Powers mit dem amerikanischen Spionageflugzeug U-2 auf dem Flug nach Bodø am 1. Mai 1960 über der UdSSR abgeschossen wurde.

Der amerikanische Pilot **Francis Gary Powers** (1929-1977) war ein in der damaligen UdSSR verurteilter „Luftspion“. Am 1. Mai 1960 wurde er bei Swerdlowsk mit einer damals ganz neuen Flugabwehrrakete der sowjetischen Luftverteidigung abgeschossen. Er befand sich gerade mit seiner U-2 auf Spionageflug.

Hafen von Bodø

Trotz fingierter Seriennummer der NASA konnte nachgewiesen werden, dass er für die CIA arbeitete.

Angefangen bei der United States Air Force, wurde er später wegen überragender Leistungen als Pilot u. a. im Koreakrieg von der CIA abgeworben. Ab 1956 war er Pilot des neuen Spionageflugzeugs U-2 und machte Luftaufnahmen von militärischen Anlagen und anderen wichtigen Zielen. Auf einem Spionageflug von Peshawar nach Bodø wurde er in einer Höhe von 20.000 m südlich von Swerdlowsk von der sowjetischen Luftabwehr abgeschossen. Powers gelang es wegen der enormen Fliehkräfte beim Absturz nicht, die „verräterische" Kamera abzuwerfen. Da er auch seine Beine nicht bewegen konnte, gelang der Ausstieg erst in einer Höhe von ca. 10.000 m. Noch in der Luft versuchte er, das verdächtige Material zu „entsorgen". Die tödliche Giftnadel, die er bei sich trug, benutzte er jedoch nicht. Nach seiner Festnahme, er wurde von Bauern auf einem Feld gestellt, wurde er am 19. August 1960 wegen Spionage zu zehn Jahren Haft verurteilt. Trotz Verschleierungsversuchen der US-Behörden konnte die UdSSR Teile der Spionageausrüstung und ein Geständnis Powers präsentieren.

Durch Vermittlung des Rechtsanwalts Wolfgang Vogel konnte Powers am 10. Februar 1962 auf der Glienicker Brücke in Potsdam gegen einen Spitzenspion der UdSSR in den USA, Rudolf Abel, ausgetauscht werden.

Bereits in der Gefangenschaft hatte Powers in sein Tagebuch geschrieben: „Hoffe auf Entspannung und Friedenspolitik. Es ist gut für meinen Fall. Und: bin sicher, dass ich nicht zehn Jahre bleiben werde."

Damit behielt er zwar Recht, aber zurück in der Heimat wurde er zunächst von der Öffentlichkeit abgeschirmt und verdächtigt, in der Gefangenschaft mehr ausgesagt zu haben, als seine Verschwiegenheitspflicht das erlaubt hätte. Nach einem frostigen Empfang sollte eine Untersuchungskommission klären, ob der prominente „Bruchpilot" Powers nun ein Held oder ein Feigling war. Ganz Amerika stellte sich die Frage, warum er die Giftnadel nicht benutzt hatte sondern und gestand, ein Spion zu sein, dem sein eigenes Leben offenbar mehr wert war als das Wohl der Nation! Schlussendlich war Powers, der nicht heldenhaft Selbstmord beging, weder Held noch Feigling. Er war nur zwischen die Fronten des Kalten Krieges geraten und damit selbst Opfer geworden.

ℹ Touristinformation, Tollbugata 13 , ☏ +47 75 54 80 00, 💻 www.bodo.kommune.no

Sehenswürdigkeiten in Bodø:

Der **Dom von Bodø** ist eine dreischiffige, basilikaähnliche Kirche im gotischen Stil. Das Mittelschiff ragt weit über die Seitenschiffe hinaus. Die alte Kirche wurde am 27. Mai 1940 völlig zerstört. Nach dem Krieg gewannen die Architekten Gudolf Blakstad und Herman Munthe-Khas einen Architekturwettbewerb und der Wiederaufbau der Basilika konnte 1954 beginnen. 1956 fand die Einweihung statt. Die evangelisch-lutherische Bischofskirche hat Platz für 890 Personen und gehört zu den attraktivsten Bauwerken der neueren Architektur Norwegens. Besonders schön sind das 12 m hohe Glasmosaik über dem Altar an der Ostwand und das Rosettenfenster. Neben dem Dom stehen ein 36 m hoher Turm mit 3 Glocken und ein Denkmal für die Gefallenen des 2. Weltkriegs mit der Aufschrift: „Für alle aus Bodø, die während des Krieges und der Besetzung ihr Leben für Norwegen gaben. Nicht namentlich verzeichnet, aber unvergessen."

♦ Torvgaten 12, 💻 www.bododomkirke.no

Die Ausstellungen des **Nordlandmuseums** sind thematisch aufgebaut und befassen sich mit der Fischerei auf den Lofoten, dem Urvolk der Samen, der Wikingerzeit und der Stadtgeschichte von Bodø. Vom Trockenaquarium über eine samische Erdhütte bis zur seltenen Schamanentrommel gibt es viel Interessantes zu entdecken. Das Gebäude, in dem das Nordlandmuseum beheimatet ist, wurde 1903 gebaut und ist das älteste erhaltene Gebäude der Stadt.

♦ Prinsens gate 116, ☏ +47 75 50 35 00, 💻 www.nordlandsmuseet.no, 🚪 Mo-Fr 9:00-15:00, 1.6.-31.9. tägl. 11:00-16:00

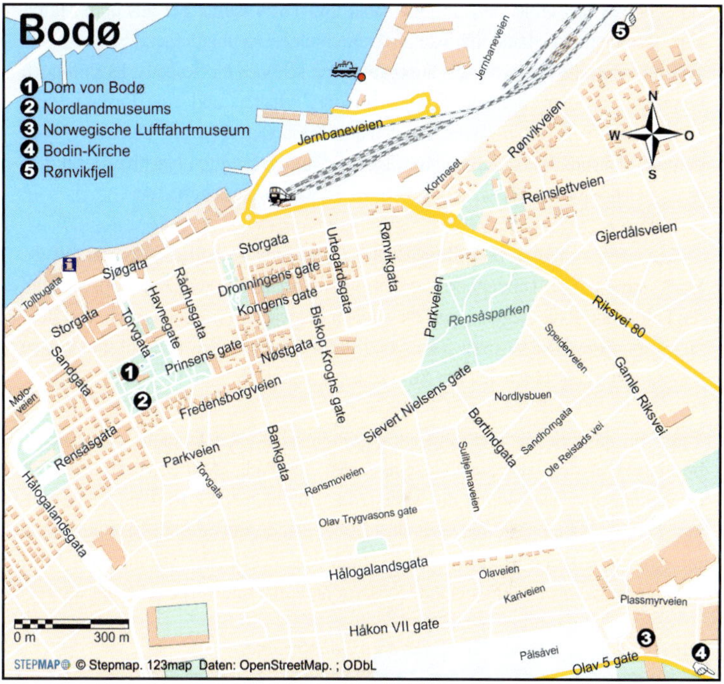

Das **Norwegische Luftfahrtmuseum** (Norsk Luftfartsmuseum) gibt einen spannenden Einblick in die Geschichte der militärischen und zivilen Luftfahrt Norwegens. Das moderne Museumsgebäude mit der interessanten Fassade wurde 1994 eröffnet. Berühmte Modelle der zivilen Luftfahrt wie z. B. F 28, Twin Otter oder das einzige noch existierende Wasserflugzeug Ju 52 und bekannte militärische Flugzeuge wie CF-104 Starfighter, Mosquito, Vampire, Ju 88 Spitfire und das Spionageflugzeug U-2 werden hier ausgestellt. Es gibt Gruppenführungen und einen Flugsimulator.

- Olav 5 gate, ☏ +47 75 50 78 50, 💻 www.luftfart.museum.no, Mo-Fr 10:00-16:00, Sa und So 11:00-17:00r

Die äußerlich eher unscheinbare **Bodin-Kirche** wurde 1240 erbaut und ist die älteste Kirche der Stadt. Im Laufe ihres Bestehens änderte sie mehrfach ihr

Aussehen; 1785 erhielt sie ein Querschiff und 1894 wurde der aus dem Mittelalter stammende Gebäudeteil komplett durch einen Neubau ersetzt.

Im Inneren ist die Kirche ein ausgesprochen schönes Gotteshaus. Es sind noch Elemente aus dem 17. und 18. Jahrhundert erhalten und eine Restaurierung 1964 wertete die Bodin-Kirche deutlich auf. 2003 wurde die alte Barockorgel aus dem 18. Jahrhundert durch einen in Deutschland gefertigten Nachbau ersetzt.

♦ Gamle Riksvei 68, ☏ +47 75 56 54 20, 💻 www.kirken.bodo.no/bodin

Vom 164 m hohen Berg **Rønvikfjell** hat man eine großartige Aussicht auf die Stadt und die Insel Landegode mit den 800 m hohen Bergen. Am Horizont sind die Lofotwand (Lofotveggen) und die südlich vorgelagerten Inseln Værøy und Røst zu sehen. Rønvikfjell ist etwa 3 km vom Stadtzentrum Bodøs entfernt und gut zu Fuß zu erreichen. Einen Teil der Strecke kann man auch mit dem Stadtbus fahren.

Tipp: Ein ganz besonderes und außergewöhnliches Abenteuer ist eine Speedbootfahrt auf dem stärksten Gezeitenstrom der Welt, dem Saltstraumen. Der direkte intensive Kontakt mit der wilden, ungezähmten Natur wird Sie begeistern. Für die Fahrt werden Sie mit Overall, Haube, Handschuhen und Brille ausgerüstet. An Bord erleben Sie die Kraft und Unberechenbarkeit des Stromes. Die Fahrt geht an Bodø vorbei, durch einen Fjordarm hindurch und vorbei an einer interes-

RIB-Boot-Safari (Speedboot) auf dem Saltstraumen

santen Felsformation. Einen kleinen Vorgeschmack auf den Saltstraumen bekommt man gleich an der ersten Einengung mit zunächst kleinen Strudeln. Dann dauert es nicht mehr lange und man ist mitten im wilden Gebrodel.

Wenn Sie sich an die Bewegung gewöhnt haben, ist genug Zeit, die Tiere am Gezeitenstrom zu beobachten. Mächtige Seeadler suchen nach Beute und schwingen ihre Flügel, die eine Spannweite von über 2 m erreichen können. An den Ufern stehen Angler und im Hintergrund sehen Sie das 250 Millionen Jahre alte kaledonische Faltengebirge. Unterwegs gibt es mehrere kurze Stopps für Erklärungen. Da es ziemlich laut ist, ist ein Platz in der Nähe des Guides von Vorteil.

In der Provinz Nordland, 30 km östlich von Bodø, fließt der **Saltstraumen**, der stärkste Gezeitenstrom der Welt. Die Meerenge verbindet den Saltenfjord und den Skjerstadfjord miteinander. Durch den 150 m breiten und 2,5 km langen Sund stürzen im Wechsel der Gezeiten, also alle 6 Stunden, nahezu 400 Mio m^3 Wasser hinein und auch wieder heraus. Dabei wird eine Geschwindigkeit von 40 km/h erreicht und es entstehen mächtige Wasserstrudel, die einen Durchmesser von bis zu 10 und eine Tiefe von über 4 Metern erreichen können. Nur bei „Stillwasser", also Höchst- oder Tiefstand beruhigt sich das Wasser für eine Weile. Von der langen Brücke, die die Küstenstraße (Riksvei 17) über den Saltsraumen führt, hat man eine beeindruckende Aussicht. An den Ufern sind beliebte Angelplätze, denn das nährstoffreiche Wasser lockt viele Fische.

Svolvær

Die kleine Stadt Svolvær hat nur 4.500 Einwohner und ist doch die größte Stadt der Lofoten und auch deren Hauptstadt. Sie befindet sich am Vestfjord auf der Insel Austvagoy und ist durch Tunnel und Brücken im Verlauf der Europastraße 10 mit dem Festland verbunden. Das Wahrzeichen von Svolvaer ist der Felsen Svolvaergeita mit den zwei Spitzen.

Svolvær wurde erstmals 1573 in den Krongütern urkundlich als Svávær erwähnt.

Als **Krongüter** bezeichnete man im Mittelalter und in der frühen Neuzeit Besitztümer eines Königreiches, die dem Monarchen persönlich gehörten und von Unfreien des Königs (Mittelalter) oder der königlichen Kammer (Neuzeit) verwaltet wurden.

Die Menschen lebten von Fischfang und Viehzucht. Bedeutung gewann der Ort als Drehscheibe für Seefahrer. 1781 wurde dem Gut Svolvær das Privileg zuteil, ein Gasthaus zu betreiben. Positiven Einfluss auf die weitere Entwicklung Svolværs hatte der Zuzug des Kaufmanns Lars Todal Walnum Berg im Jahr 1831. Die Einwohnerzahl stieg und Ende des 19. Jahrhunderts wurde über das Stadtrecht diskutiert. 1918 wurde Svolvær eine eigenständige Kommune und bekam damit Handelsrechte.

„Immer mehr Berge,
immer mehr Steilwände,
große, schneebedeckte Berghänge
und dazwischen schwarze, spitze Gipfel
in überraschenden Formen wurden sichtbar."

Christian Krogh (bei seinem ersten Blick auf Svolvær)

Eine willkommene Abwechslung ist das tägliche Anlegen der Hurtigrutenschiffe im Hafen von Svolvær. Nordwärts haben sie von 21:00-22:00 und südwärts von 18:30-20:30 Uhr Anlegezeit.

Fischfang hat in Svolvær eine lange Tradition und ist auch heute noch Haupterwerbszweig der Bewohner. Schon Anfang des 20. Jahrhunderts waren in Svolvær mehr als 7.500 Fischer registriert. An den Sonntagen der Hauptfangzeit von Januar bis April konnte sich diese Zahl fast verdoppeln. Heute gibt es etwa 3.000 Fischer, die zur Hauptfangzeit bis zu 50.000 Tonnen Kabeljau fangen und vorwiegend zu Stockfisch verarbeiten. Dazu werden die Fische am Schwanz zusammengebunden, über unzählige am Ufer aufgestellte Trockengestelle gehängt und getrocknet. Vorher werden die Köpfe abgetrennt und gesondert getrocknet, um sie später nach Afrika zu exportieren oder zu Dünger zu verarbeiten. Der größte Teil der Stockfische wird nach Südeuropa exportiert.

Der Tourismus hat in den letzten Jahren deutlich an Bedeutung zugelegt. Es wurde in Hotels und kulturelle Angebote investiert.

ℹ Touristeninformation, Torget (Marktplatz), ☏ +47 76 06 98 07, Mo-Fr 9:00-16:00, Sa 10:00-14:00

Svolvær ist eine kleine Stadt mit nur wenigen Sehenswürdigkeiten:

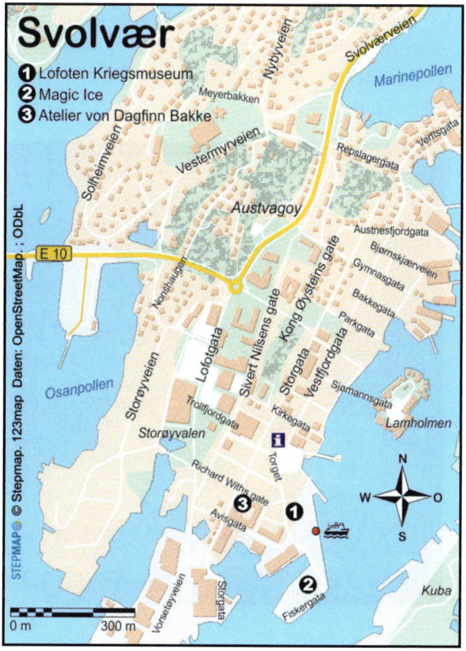

Wer sich für die Geschichte des 2. Weltkrieges interessiert, sollte sich das Lofoten Kriegsmuseum (Lofoten Krigsminnemuseum) direkt am Kai ansehen. Das Museum verblüfft mit erstaunlichen Details über den 2. Weltkrieg. Selbst Geschichtsinteressierte werden hier noch überrascht. Unter der Vielzahl von Exponaten finden sich viele Fotografien und etwa 140 Uniformen. Man braucht etwas Zeit, um sich mit den vielen Themen auseinanderzusetzen. Das Lofoten Kriegsmuseum hat ganzjährig geöffnet und seine Lage am Kai bietet sich für einen Besuch während der Liegezeit Ihres Schiffes geradezu an.

♦ 💻 www.lofotenkrigmus.no, 🚪 Mo-Sa 10:00-22:00, So 12:00-15:00 und 18:00-22:00

Im 2. Weltkrieg besetzte die deutsche Wehrmacht Svolvær. Britische Einheiten fielen in der „Operation Claymore", in Norwegen als „Lofotraid" bekannt, in den annektierten Küstenstädten ein und überwältigten die deutschen Besatzer.

Die von den Deutschen besetzte Inselgruppe der Lofoten war von enormer strategischer Bedeutung. Hier war das Zentrum der Fischfangindustrie und hier wurde aus dem Zwischenprodukt Fischöl Glycerin gewonnen. Da Glycerin als Schmierstoff für Flugzeugmotoren benötigt wurde, sollten in der „Operation Claymore" die Fischölfabriken und die nachgelagerte Produktion zerstört werden.

Fünf Zerstörer der Royal Navy und zwei Landungsschiffe überfielen am 4. März 1941 die von den Deutschen besetzten Lofoten und erzielten den ersten Sieg britischer Streitkräfte im 2. Weltkrieg.

Wer es kalt liebt, ist im **„Magic Ice"** gut aufgehoben. Hier handelt es sich um eine Ausstellung, in der Eisskulpturen akustisch und optisch ins rechte Licht gesetzt werden. Der Eintritt kostet NOK 85, dafür ist ein kleiner Drink aus dem Eisglas inklusive.

Das „Magic Ice" befindet sich direkt am Kai, 100 m von der Anlegestelle entfernt. Es ist Bar und Galerie in einem. In einer 500 m² großen Halle können Kunstwerke aus Eis bewundert werden. Musik und Lichteffekte sorgen für eine ganz besondere Stimmung. Damit das Eis nicht schmilzt, wird die Halle ständig auf Minusgrade heruntergekühlt – also Jacke mitnehmen.

♦ Fiskergata 36, ☏ +47 76 07 40 11, 15.6.-15.8. tägl. 12:00- 23:00, Rest des Jahres: tägl. 18:00-22:00

Für Kunstinteressierte laden kleine Galerien zum Besuch ein. Mehrere Ateliers bekannter norwegischer Künstler befinden sich in und um Svolvær. Bekannt ist u. a. das **Atelier von Dagfinn Bakke**, dessen Bilder in verschiedenen Hurtigrutenschiffen hängen.

♦ Richard Withs gate 4 (100 Meter von der Anlegestelle der Hurtigrute entfernt), ☏ +47 99 59 69 49, www.dagfinnbakke.no, Mo-Mi, Fr 11:00-15:00, Do 11:00-19:00, Sa 11:00-14:00

Svolvær bei Nacht

Der 1933 geborene Künstler, Illustrator und Grafiker **Dagfinn Bakke** lebt und arbeitet auf den Lofoten. Die Inspiration für seine Werke, die in vielen Ländern und öffentlichen Kunstgalerien, unter anderem der Nationalgalerie Norwegens, ausgestellt werden, findet Bakke in der Natur Nordnorwegens, wo er auch aufgewachsen ist. Seine Bilder werden vom besonderen Licht und den natürlichen Formationen des Nordens geleitet.

Lofoten

Gegen Abend erreicht das Schiff die Lofoten. Die malerische Inselgruppe ist beliebt wegen ihrer lauschigen Fischerdörfer, die von eindrucksvollen Bergen umgeben sind. Die Lofoten (norwegisch: Lofot – dt. Luchsfuß) sind eine aus 80 Inseln bestehende Inselgruppe, die sich zwischen 100 und 300 km nördlich des Polarkreises erstreckt. Die Inseln sind bereits seit 6.000 Jahren bewohnt. Heute leben hier auf einer Fläche von 1.227 km² ca. 24.000 Menschen. Es gibt zwei Städte, die Inselhauptstadt Svolvær und Leknes, sowie viele kleinere Orte und Fischerdörfer. Die Mehrzahl der Inseln ist durch Brücken und Tunnel miteinander verbunden. Seit 2007 sind die Inseln durch die Lofast (Teil der Europastraße 10) angebunden.

Der Tourismus ist die Haupteinnahmequelle der Insulaner. Ein weiterer Erwerbszweig ist die Fischerei, so gibt es u. a. Seelachs, Schellfisch, Dorsch, Kabeljau und Heilbutt.

Der Sommer dauert hier nur drei Monate. Dann sind besonders viele Touristen auf dem Inselreich. Außerordentlich beliebt ist die erste Julihälfte, wenn die Sonne zur Zeit der Mitternachtssonne wochenlang nicht untergeht.

Der Golfstrom bestimmt das Klima und die Temperaturen auf den Lofoten. Es ist das ganze Jahr relativ mild. Im Winter sinken die Temperaturen selten unter null Grad und im Sommer können sie bis auf 30 Grad steigen. Durchschnittlich liegen sie aber bei ca. 12 Grad.

Troll

Ein beliebtes Ausflugsziel ist der Trollfjord, ein 2 km langer Meeresarm, der an seiner schmalsten Stelle nur 100 m breit ist. Von Svolvær aus ist er mit leistungsstarken motorisierten Schlauchbooten gut zu erreichen.

Viel spektakulärer ist die Passage allerdings mit einem der deutlich größeren Hurtigruten-Schiffe. Auf dem Weg von Stokmarknes nach Svolvær biegen die Schiffe bei gutem Wetter in den engen Trollfjord ein. Meter für Meter schieben sich die vergleichsweise riesigen Schiffe langsam in die Meeresenge hinein. Die Felsenwände kommen scheinbar zum Greifen nahe. An der breitesten Stelle mit 800 m muss das Schiff dann mit einem spektakulären Manöver wenden, um den Trollfjord wieder verlassen zu können.

Der 2 Kilometer lange **Trollfjord** (auch Svartfjord oder Teufelskanal) ist einer der bekanntesten Fjorde Norwegens. Er ist ein Seitenarm des Raftsunds, der die Lofoten von den Vesterålen trennt und von riesig wirkenden Felswänden umgeben ist. Sein Name kommt von den Zauberwesen der nordischen Mythologie, den Trollen. Die Einfahrt in den Trollfjord ist nur 100 m breit. An der Südseite befindet sich der Trolltindan mit einer Höhe von ca. 1.065 m, an der Nordseite der 998 m hohe Blåfjell und der 980 m hohe, fast senkrechte Litlkorsnestinden. Dieses großartige Bergpanorama ist vom Schiff aus am beeindruckendsten.

Im Buch die „Lofotfischer“ von Johan Bojer (1921) wird die Schlacht am Trollfjord beschrieben, die 1890 tatsächlich hier stattfand. Dampfschiffe verstellten damals die Einfahrt in den Trollfjord, um den Fischerbooten die Einfahrt in den Fjord zu versperren. Die Fischer kaperten daraufhin die Dampfschiffe und machten die Einfahrt wieder frei. ☞ S. 48/49

Tromsø, das Tor zur Arktis

Denkmal -
Der Walfänger

Häfen: Stokmarknes, Sortland, Risøyhamn, Harstad, Finnsnes, Tromsø, Skjervøy

Nach einem Zwischenstopp in Harstad geht es über Finnsnes nach Tromsø. Die Eismeerstadt, auch „Tor zum Eismeer" genannt, ist die Stadt der Abenteurer. Seit 1874 ist sie nicht nur Ausgangspunkt von Eismeerfischern, sondern auch von Polar- und Nordmeerexpeditionen. Fridtjof Nansen und Roald Amundsen starteten hier zu ihren berühmten Entdeckungsreisen in den hohen Norden. Heute ist Tromsø ein wichtiger Schifffahrts- und Fischereistandort und beispielhaftes Wachstumszentrum im Norden Skandinaviens.

Glücklicherweise ist Tromsø im Zweiten Weltkrieg als einzige Stadt Nordnorwegens nicht zerstört worden.

Die Stadt auf dem 69. Breitengrad ist die Hauptstadt der Provinz Troms. Sie hat etwa 74.000 Einwohner und ist mit einer Fläche von der Größe des Saarlandes die größte Stadt in Nordnorwegen. Der quirlige Ort mit langer Geschichte, vielfältigem kulturellem Leben, herzlichen Einwohnern, vielen Cafés, Restaurants sowie interessanten Festivals ist umgeben von 1.200 m hohen Bergen, Fjorden und Inseln.

Tromsø liegt auf einer wundervollen Insel im bezaubernden Balsfjord. Eine 43 m hohe und 1.036 m lange Spannbetonbrücke verbindet sie mit dem Festland.

Im Stadtzentrum von Tromsø finden Sie bunte Holzhäuser, enge Gassen und natürlich viel Wasser. Zudem ist die Stadt stolz auf ihr reiches Erbe neoklassischer Architektur. Obwohl die Stadt mit den Polarnächten und der Mitternachtssonne auf demselben Breitengrad wie Nord-Alaska liegt, ist es hier wegen des Golfstroms in der Regel weniger kalt. Im 350 km über dem Polarkreis gelegenen Tromsø gibt es die nördlichste Universität, Kathedrale, Brauerei und das nördlichste Planetarium der Welt. Dank der vielen Studenten ist hier selbst im Winter immer etwas los. Auch Nordlicht-Suchende zieht es in die Stadt, ist doch die Wahrscheinlichkeit hoch, dass man hier eine Aurora borealis sehen kann. Längst hat sich Tromsø auf die anwachsende Touristenzahl vorbereitet. Es werden Nordlichttouren, Hundeschlittenfahrten, Walexpeditionen, Schneeschuhwanderungen und Kajaktouren angeboten.

Zwar ist die Stadt mit 2.566 km² flächenmäßig vergleichsweise groß; das Zentrum kann aber problemlos zu Fuß erkundet werden. In 10 Minuten erreicht man die Brücke, die von der Hauptinsel zum Festland führt.

ℹ Touristeninformation, Kirkegata 2, ☏ +47 77 61 00 00, www.visittromso.de

Stadtansicht mit Eismeerkathedrale

Sehenswürdigkeiten in Tromsø

Die 1965 erbaute **Eismeerkathedrale** ist das Wahrzeichen der Stadt. Sie steht auf der Festlandseite jenseits des Tromsøysund. Jan Inge Hovig, ihr Architekt, ließ sich bei der besonderen Form der evangelisch-lutherischen Kirche von der Landschaft Norwegens inspirieren. Das Bauwerk mit den bis zum Boden reichenden Dachschrägen und dem größten Buntglasfenster Europas ist eine architektonische Verschmelzung von Beton, Holz und Glas. Das 140 m² große Glasmosaik hat 86 Glasfelder und zeigt „Die Wiederkehr Christi". Die einzigartige Kathedrale mit der modernen, untypischen Form erinnert an Trockenfisch-Gestelle und fällt bereits von Weitem auf. Die Gestaltung im Inneren soll Eis, Mitternachtssonne, Polarlicht und Polarnacht zum Ausdruck bringen.

Im Sommer finden hier regelmäßig Mitternachtskonzerte statt, deren Zeiten mit den Aufenthaltszeiten der Hurtigrutenschiffe korrespondieren.

♦ Hans Nilsens vei 41, ☏ +47 47 68 06 68, 💻 www.ishavskatedralen.no, Eintritt: NOK 40, Orgelkonzerte NOK 70

Mit der **Fjellheisen** („Seilbahn") gelangt man auf den 402 m hohen Berg Storstein ("großer Stein"). Im Halbstundentakt fährt man langsam und bequem, Laufen wäre anstrengender, auf Tromsøs Hausberg. Vom Plateau aus hat man eine unübertreffliche Aussicht auf die ganze Stadt, die dahinter liegenden Inseln und die Berge. An kalten Tagen kann man das einzigartige Panorama auch hinter der verglasten Fensterfront des Cafés genießen.

♦ Solliveien 12, ☏ +47 77 63 87 37, 💻 www.fjellheisen.no, Kombiticket NOK 140

Gastro-Tipp: Im „Smørtorget" geht es hipp zu; Hier treffen Café, Kunst, Design und Retro aufeinander. Sie können in gemütlichen Sitzecken und bei einer Tasse Kaffee Künstlern hinter einer großen Fensterfront bei der Arbeit zusehen und anschließend im Laden nach Schätzen suchen. An der Theke gibt es frische Sandwiches, norwegisches Gebäck und verschiedene Suppen. Meist ist es sehr voll!

♦ Sjogata 11, ☏ +47 91 67 06 20

Mit viel Liebe zum Detail widmet sich das **Universitätsmuseum** von Tromsø der nordnorwegischen Natur und (samischen) Kultur. Familiengerecht und fundiert zeigt eine ständige Ausstellung die Entstehung von Polarlichtern. Wer die Aurora noch niemals selbst gesehen hat, kann sie per Knopfdruck herstellen. Eine Box mit allen notwendigen physikalischen Konstellationen macht's möglich.

Weitere Ausstellungen beschäftigen sich mit Archäologie, Geologie und religiöser Kunst.

♦ Lars Thørings veg 10, ☏ +47 77 64 50 00, 💻 www.uit.no, 🚪 Mo-Fr 10:00-16:30, Sa 12:00-15:00, So 11:00-16:00

Das zur Universität gehörende **Tromsø-Museum** befindet sich an der Südspitze der Hauptinsel. Es wurde 1872 gegründet und ist die älteste wissenschaftliche Institution Nordnorwegens. Das Museum hat zwei Abteilungen: eine kulturwissenschaftliche und eine naturwissenschaftliche. Sie dokumentieren die über 100-jährige Erforschung der Region. Neben thematischen Dauerausstellungen z. B. zum Nordlicht, dem Einfluss des Menschen auf die Umwelt und zur Wikingerzeit gibt es zwei bemerkenswerte Samiausstellungen. Die eine zeigt das klassische Naturvolk der Sami, die andere den modernen Sami im Bemühen um Wahrung der eigenen Kultur trotz Integration in die moderne Gesellschaft.

Zum Tromsø-Museum gehören zudem: das Schiff M/S Polstjerna, der Botanische Garten, das Polarmuseum, ein Fotoarchiv, die Nordnorwegische Volksmusiksammlung und eine Bibliothek. Seit 1976 gehört das Museum zur Universität; 2010 fusionierte es mit dem Polarmuseum.

♦ Lars Thørings veg 10, ☏ +47 77 64 50 00, 🚪 Mo-Fr 10:00-16:30, Sa 12:00-15:00, So 11:00-16:00, Eintritt NOK 50

In einem prächtigen Gebäude im neoklassischen Stil aus dem Jahr 1838, ehemals Wohnsitz eines wohlhabenden Kaufmanns, befindet sich das **Perspektivet-Museum**. Es werden Fotoausstellungen zu regelmäßig wechselnden Themen gezeigt. Diese sind nicht selten auch provokant. Die anspruchsvollen Ausstellungen reichen von 100 Jahre alten Aufnahmen aus der Region bis hin zu aktuellen Dokumentationen.

♦ Storgata 95, ☏ +47 77 60 19 10, 💻 www.perspektivet.no, 🚪 Mo-Fr 10:00-16:00, Sa/So 11:00-17:00, Eintritt: frei

Etwas südlich des Stadtzentrums, zu Fuß schnell zu erreichen, liegt der Robbenfänger **Polstjerna** („Polarstern"). Er wurde 1949 in Risør gebaut und diente mehr als drei Jahrzehnte der Robbenjagd. Bis 1981 wurden an die 100.000 Eismeerrobben gejagt. Heute ist die Polstjerna das am besten erhalte Fangschiff Norwegens. Seit 2003 liegt es in einem Glashaus neben dem Museum „Polaria". Für einen authentischen Eindruck sorgen die originalgetreue Schiffseinrichtung, die Leichtboote und die bestens erhaltene Jagdausrüstung.

♦ Hjalmar Johansens gate10 (neben Polaria), ☏ +47 77 62 33 60, 🚪 15.6.-15.8. tägl. 11:00-17:00, Gruppenbesuche außerhalb dieser Öffnungszeiten nach Absprache möglich, Eintritt NOK 40

Tipp: Das Schiff ist bedauerlicherweise nicht rollstuhlgerecht. Die Treppen an Bord sind steil und schmal, einige Teile sind nur gering beleuchtet. Besucher mit Beschränkungen sollten daher am besten auf dem Schiffsdeck bleiben.

Direkt neben der Polstjerna befindet sich das arktische Aquarium **Polaria**. Seine Architektur erinnert an riesige, umgefallene Dominosteine. Das Aquarium widmet sich hauptsächlich den Meeresbewohnern jenseits des Polarkreises. Zwei Bartrobben, die zusammen in einem Wasserbecken leben, sind die absoluten Stars des Aquariums. Durch große Panoramascheiben und einen Plexiglastunnel können die Tiere bestens beobachtet und studiert werden.

Besonders unterhaltsam sind die täglichen Fütterungen mit lustigen kleinen Darbietungen.

Das hauseigene Kino zeigt den Ivo-Caprino-Film „Svalbard- eine arktische Wildnis" und den Ole-C.-Salomonsen-Film „Nordlicht im arktischen Norwegen".

♦ Hjalmar Johansensgate 12, ☏ +47 77 75 01 00, 💻 www.polaria.no, 🚪 18.5.-31.8. tägl. 10:00-19:00, 1.9.-17.5. tägl. 10:00-17:00, Eintritt NOK 120

Tromsø
1 Eismeerkathedrale
2 Fjellheisen
3 Smørtorget
4 Universitätsmuseum
5 Perspektivet-Museum
6 Tromsø-Museum
7 Polstjerna
8 Polaria
9 Polarmuseum
10 Arctandria"Seafood-Restaurant
11 Brauerei Mack
12 Dom von Tromsø
13 Tromsøbrücke
14 Hålogaland-Theater
15 Fiskekompaniet Sjøsiden
16 Telemuseum
17 Kriegsmuseum
N
W
O
S
Prestvannvegen
Grimsbyvegen
Myrengvegen
Haakon VIIs gate
Borgåsvegen
Helmer Hanssens gate
Bergervegen
Idrettsvegen
Bodenhoffs veg
Sommerfeldts gate
Hagebyvegen
Stakkevollvegen
Forsøket
Skriverplassen
Arbeidergata
Seminargata
Skippergata
Elvegata
Fré Nansens plass
Storgata
Petersborggata
Clodiusbakken
Dramsvegen
Nordre Tollbodgate
Grønnegata
Skansegata
Søndre Tollbodgate
Skanckesmuget
Rådhusgata
Havnegata
Bruvegen
Kongsbakken
Vestregata
Bernt Lies gate
Fredrik Langes gate
Killengreens gate
Håkon den Gamles gate
Bankgata
Skolegata
Parkgata
Kirkegata
Sjøgata
Amundsen-plass
Strandskillet
Strandtorget
Kaigata
Peder Hanssens gate
Prestengata
Fiskergata
Muségata
Tromsøysund
Strandvegen
Hjalmar Johansens gate
Teater-plassen
Turistvegen
Hans Nilsens vei
Iver Walnums veg
Hungervegen
Carl Bertheussens veg
Fjellveien
Nordlysvegen
Solstrandvegen
Anton Jakobsens veg
Sollivegen
0 m
300 m
STEPMAP © Stepmap. 123map Daten: OpenStreetMap. ; ODbL

Tipp: Der Shop verkauft nicht nur die üblichen Souvenirs; es gibt vielmehr eine interessante Auswahl an Bildern, Spielzeug, Skulpturen, Robbenfellprodukten aller Art und Schnitzereien heimischer Künstler.

Im nördlichsten **Botanischen Garten** der Welt wachsen subarktische und Hochgebirgspflanzen aus allen Kontinenten. Viele von ihnen würden wegen ihrer Wärmeempfindlichkeit in botanischen Gärten südlicher Regionen gar nicht wachsen können. Besonders seltene Pflanzen sind beispielsweise der blaue Mohn aus dem Himalaja, klassische Heilpflanzen oder Bitterwurz aus den Rocky Mountains.

Direkt nebenan ist der geologische Garten der Universität mit einer großen Anzahl verschiedener nordskandinavischer Gesteine.

Im Polarmuseum

Das im Stadtzentrum gelegene **Polarmuseum** (Polarmuseet) gehört ebenfalls zur Universität. Es zeigt die Erforschung der Arktis, das Leben dort und die arktische Tierwelt. Hier wird die Geschichte furchtloser Forscher und heldenhafter Polarforscher beeindruckend und bildhaft erzählt. Das Museum befasst sich ausführlich mit den berühmten norwegischen Polarforschern Fridtjof Nansen und Roald Amundsen.

Das Museum wurde 1978 zum 50. Jahrestag des Aufbruchs Roald Amundsens zu seiner letzten Polarfahrt eröffnet.

Die Ausstellung ist in einem traditionellen Hafenhaus aus dem Jahr 1830 untergebracht.

♦ Søndre Tollbodgate 11, ☏ +47 77 62 33 60, 16.6.-15.8.: 10:00-19:00 und 16.8.-15.6: 11:00-17:00 Uhr, Eintritt: NOK 50

Gastro-Tipp: Eine Institution ist das „Arctandria" Seafood-Restaurant. Fans der arktischen Küche kommen bei Filets vom Rentier, Seehund und Wal ganz auf ihre Kosten. Bei traumhaftem Blick auf den Fjord kann man zur Kabeljau-Saison das traditionelle „Mølja" probieren: geschmorter Kabeljau mit Leber und Rogen. Im Untergeschoss befindet sich der bei Einheimischen, Touristen und Studenten beliebte Pub „Vertshuset Skarven".

Das Gebäude hat die beste Terrasse der Stadt.

♦ Strandtorget 1, ☏ +47 77 60 07 20, www.skarven.no

Brauerei Mack

Besonders beliebt ist die geführte Tour durch die **Brauerei Mack**. Der aus Braunschweig stammende Ludwig Mack belebte das norwegische Biergeschäft 1877 nachhaltig. Er gründete Macks Ølbryggeri, die nördlichste Brauerei der Welt. Zwar wurde die Brauerei inzwischen nach Nordkjosbotn verlegt, aber in Tromsø befindet sich noch eine kleine Brauerei, die besichtigt werden kann. Nach einem Blick hinter die Kulissen und in den angeschlossenen Bierkeller gibt's im hauseigenen Pub „Ølhallen" („Bierhalle") noch eine Kostprobe. Im urigen Gastraum gibt es, einzigartig in Norwegen, bereits am Vormittag ein Frischgezapftes. Neben Touristen genießen hier auch Einheimische, Fischer, Hafenarbeiter und Forscher das im ganzen Land beliebte Bier.

In einem kleinen Laden können diverse Sachen zum Thema Bier gekauft werden.

♦ Macks Ølbryggeri, Storgata 4, ☏ +47 77 62 45 00, 💻 www.olhallen.no, Mo-Mi 10:00-19:00, Do+Fr 10:00-24:00

Als Bäcker auf Wanderschaft kam der Braunschweiger **Ludwig Mack** einst nach Tromsø. Schnell musste er feststellen, dass es dort nicht eine einzige Brauerei gab. Die Einheimischen stellten ihr Bier meist zu Hause her. Als Sohn eines Braumeisters wollte er diese Marktlücke schließen und gründete 1877 eine Brauerei. Bereits am 17. Mai 1878 konnte das erste Bier verkauft werden. Bis heute wird das Bier nach deutschem Reinheitsgebot und nach Pilsner Art gebraut. Seit 1894 werden zusätzlich auch Mineralwasser und Limonade hergestellt.

Dom von Tromsø

Der in der Stadtmitte liegende **Dom von Tromsø** (Domkirke) ist nicht nur eine der nördlichsten Kathedralen der Welt, er ist auch die einzige Kathedrale Norwegens, die aus Holz besteht.

Tromsøbrücke

Die evangelisch-lutherische Bischofskirche wurde unter Christian Heinrich Grosch erbaut und 1861 fertiggestellt. Sie hat 800 Sitzplätze.

♦ Sjøgata 2, ☏ +47 77 60 50 90, 💻 www.kirken.tromso.no

Die **Tromsøbrücke** (Tromsøbrua) verbindet den Inselstadtteil Tromsøyal mit dem Stadtteil Tromsdalen auf dem Festland. Die von 1957 bis 1960 gebaute Straßenbrücke ist 1.016 Meter lang, 8,3 Meter breit und eines der Wahrzeichen der Stadt.

1994 wurde unter dem Tromsøsund ein 3,5 km langer Doppelröhrentunnel zur Entlastung der Brücke gebaut. An der tiefsten Stelle liegt er 102 m unter dem Meeresspiegel.

Etwas südlich des Stadtzentrums, aber noch gut zu Fuß erreichbar, befindet sich das **Hålogaland-Theater**. Das moderne Gebäude mit grauer, kubischer Fassade und Skulpturen vor dem Eingang wurde 2005 eröffnet. Das Landestheater für Troms und Finnmark, das 1971 gegründet wurde, hat zwei moderne Säle und ein Szene-Café.

♦ Teaterplassen 1, ☏ +47 77 60 64 00, 💻 www.ht.tr.no

Gastro-Tipp: Wenn Sie gern Fisch essen, dann ist das Restaurant **„Fiskekompaniet Sjøsiden"** eine ausgezeichnete Adresse. Die saisonalen Menüs bestehen aus allem, was das Meer an Leckerem zu bieten hat.

Stadtansicht

Das Restaurant liegt am Kai und ist dadurch gut und schnell zu erreichen.

♦ Killengreens gate, ☏ +47 77 68 76 00, 💻 www.fiskekompani.no

In Flughafennähe befindet sich in einem ehemaligen Stationsgebäude das kleine **Telemuseum** (Telemuseet); eine historische Sammlung rund um die Telekommunikation.

♦ Kvaløyvegen 450, ☏ +47 77 61 52 89, 💻 www.telemuseet.no, 🚪 Mi 10:00-14:00, Eintritt frei

Das 1993 eröffnete **Kriegsmuseum** befindet sich in einem Bunker aus dem 2. Weltkrieg und befasst sich mit der Kriegs- und Verteidigungsgeschichte Tromsøs von 1250 bis heute. Eine Dauerausstellung ist dem in jeder Hinsicht gewaltigen deutschen Schlachtschiff „Tirpitz" gewidmet, das am 12.11.1944 dreimal von Lancastermaschinen der Royal Air Force getroffen wurde und innerhalb von 11 Minuten sank. 1.204 Menschen starben; 850 konnten gerettet werden; 84 davon wurden unter großen Anstrengungen aus dem Rumpf herausgeschnitten.

♦ Prestvannvegen 4 b, ☏ +47 77 65 54 40, 🚪 1.5.-30.5. So 12:00-17:00, 1.6.-31.8. Mi-So 12:00-17:00, 1.9.-30.9. So 12:00-17:00

Direkt neben dem Hurtigrutenkai ist der **Amundsenplatz**. Hier kann man im Sommer gemütlich auf einer Bank sitzen und aufs Meer schauen.

„Seit meiner Kindheit träume ich davon, den Nordpol zu erreichen, nun stehe ich auf dem Südpol."

Roald Amundsen

Roald Engelbregt Gravning Amundsen, 16.7.1872 – 18.6.1928 verschollen
Der norwegische Seemann und Polarforscher Amundsen war der bekannteste und erfolgreichste Entdeckungsreisende in Arktis und Antarktis. Er wurde 1872 als Sohn des vermögenden Schiffseigners und Kapitäns Jens Amundsen (1820-1886) in Borge geboren. Bereits in der Jugend träumt er davon Polarforscher zu werden.

Nach dem Abitur 1890 studierte er in Kristiania, dem heutigen Oslo, Medizin. Nach dem Tod der Mutter 1893, der Vater starb bereits 1886, bricht er das Studium ab und fährt als Matrose auf norwegischen Robbenfangbooten zur See. Später macht er das Steuermannspatent und das Kapitänspatent.

Seine bis ins Detail geplanten Expeditionen gelten noch immer als logistische Meisterleistungen.

Als Mensch haftete Amundsen der Ruf eines nicht selten rücksichtslosen und nach Ruhm gierenden Ehrgeizlings an. Ihm wurden mehrere Verhältnisse mit verheirateten Frauen nachgesagt; mit einer Inuit soll er gar ein Kind gezeugt haben.

Seine Expeditionen:

1897 - 1899	Teilnahme an einer belgischen Expedition in die Antarktis; es wird eine abenteuerliche Reise auf der „Belgica" unter Baron de Gerlache; trotz lückenhaften Kartenmaterials entdecken sie eine bis dahin nicht bekannte Meerenge, die nach de Gerlache benannt wird; die Crew ist gezwungen, in der Antarktis zu überwintern, sie führen Messungen durch, Amundsen versucht, sich mit Skiern in der Antarktis fortzubewegen, und konzipiert eine bestmögliche Polarausrüstung
1899	er gewinnt Fridtjof Nansen, den Abenteurer, Zoologen und späteren Friedensnobelpreisträger, ihn bei der Organisation von Polarexpeditionen zu unterstützen
1901	Kauf des ersten eigenen Schiffes, des Fischkutters „Gjöa", Umbau zu Forschungszwecken und Einbau eines starken Motors
1903 - 1906	Durchquerung der Nordwestpassage zwischen dem pazifischen und dem atlantischen Ozean mit der „Gjöa"; 300 Jahre waren

	Seefahrer auf der Suche nach dieser Passage; die siebenköpfige Crew verbringt zwei Jahre im Eis und gilt zu Hause bereits als vermisst; Amundsen kommt in Kontakt mit den Inuit und kleidet sich bald wie diese
1904	Lokalisierung des magnetischen Nordpols; Feststellung, dass dieser kein fixer, sondern ein sich ständig bewegender Punkt ist
1910	die Amerikaner Frederick Cook und Robert E. Peary kommen am Nordpol an; Amundsen ändert umgehend und zunächst heimlich seine Pläne und bricht am 9. August mit der „Fram" zum Südpol auf; er war hoch verschuldet und brauchte dringend einen Erfolg
20.10.1911	Amundsen bricht vom Basislager „Framheim" mit 4 Begleitern, 52 Hunden und 4 Schlitten mit je 400 kg Ladung zum Südpol auf
14.12.1911	Amundsen erreicht als erster Mensch den Südpol – vier Wochen vor seinem Konkurrenten, dem britischen Forscher und Abenteurer Robert Scott, der beim Rückweg ums Leben kommt
1918 – 1920	Durchquerung der Nordostpassage mit der „Maud" und Ankunft nach zwei Überwinterungen an der sibirischen Küste in Alaska
21.05.1925	Flugexpedition mit dem Amerikaner Lincoln Ellsworth und weiteren vier Begleitern zum Nordpol; 200 km vor dem Ziel müssen sie mit den viel zu schweren Wasserflugzeugen notlanden
11.5.1926	Amundsen, Ellsworth und Nobile überqueren den Nordpol mit dem Zeppelin „Norge", eine Konstruktion des italienischen Luftschiffpioniers Umberto Nobile, und landen zwei Tage später in Alaska; der US-amerikanische Polarforscher Richard E. Byrd kam ihnen jedoch wenige Tage zuvor und gilt als erster Mensch, der den Nordpol überflog; zwischen Amundsen und Nobile kommt es zum Streit
Juni 1928	Bei einer Rettungsexpedition zur Suche des mit seinem Luftschiff „Italia" abgestürzten Umberto Nobile geht Amundsen mit einer Latham 47 und zwei französischen Piloten in der Arktis nahe der Bäreninsel verloren; weder das Flugzeug noch die Leichname Amundsens und seiner Begleiter werden je gefunden.

„Ich glaube nicht, dass Gott uns auf die Erde geschickt hat, damit wir Millionen scheffeln und alles andere ignorieren."

Roald Amundsen

Tipp: Wenn Sie im Winter oder zeitigen Frühling auf der Hurtigrute unterwegs sind, dann werden in der Regel Hundeschlittenfahrten mit Huskys angeboten. Eine solche Tour ist eine ganz besondere Erfahrung. Lassen Sie sich vom Huskygespann durch die herrliche Schnee- und Eislandschaft ziehen und genießen Sie die wunderbare Natur des Nordens. Mit etwas Glück ist vielleicht auch das magische Nordlicht zu sehen.

Entsprechende Kleidung wie Handschuhe, Mütze usw. wird bereitgehalten.

Huskys sind aus Sibirien stammende Schlittenhunde. Es gibt sie schon seit über 1.000 Jahren. Besonders wertvoll und beliebt sind sie insbesondere wegen ihrer Ausdauer und Stärke (=Zugkraft). Seit 1910 werden Huskys auch in Alaska gezüchtet und vorwiegend als Schlittenhunde eingesetzt. Das zweischichtige Fell - die Unterwolle erzeugt bei Bewegung Wärme, die Deckhaare verhindern den Wärmeverlust - sorgt für beste Wärmeregulierung im kalten Polargebiet. Die Rüden erreichen eine Höhe bis 60 cm und ein Gewicht bis 28 kg. Die Hündinnen sind etwas kleiner. Huskys gelten als sanftmütig, aufmerksam und kontaktfreudig.

Auf dem Weg zum Nordkap

Honningsvåg und das Nordkap

Häfen: Øksfjord, Hammerfest, Havøysund, Honningsvåg, Kjøllefjord, Mehamn, Berlevåg

Hammerfest

Nach dem Passieren des Magerøysunds erreicht das Schiff am frühen Morgen Hammerfest. Die Stadt, die ca. 1.000 km nördlich des Polarkreises auf der Insel Kvaløy liegt, erhielt 1789 das Stadtrecht und ist damit eine der ältesten Städte Nordnorwegens. Heute hat Hammerfest knapp 10.000 Einwohner. Der Name „Hammerfest" stammt vom Befestigen von Booten an einem steilen Berghang, einem *„Berghammer"*.

Werbewirksam verkauft sich Hammerfest als nördlichste Stadt Europas. Eigentlich gebührt dieser Titel seit 1996 dem mit 2.000 Einwohnern deutlich kleineren Honnigsvåg, das seitdem ebenfalls Stadtrecht hat. Immerhin gibt es zwischen beiden Städten eine Vereinbarung, dass Hammerfest weiterhin den einprägsamen Werbeslogan verwenden darf. Kontrovers diskutiert wird allerdings darüber, ob Hammerfest auch die nördlichste Stadt der Welt ist.

Eisbär im Polarmuseum Tromsø

Das Stadtwappen zeigt einen stehenden Eisbär auf rotem Untergrund - aber keine Angst, es gibt hier keine Eisbären. Allerdings war Hammerfest Ausgangspunkt der Eisbärenjagd auf Spitzbergen.

Seit 1893 wird Hammerfest täglich von 5:15-6:65 von den nordgehenden und 10:45-12:45 von den südgehenden Hurtigrutenschiffen angefahren. Diese Zeiten ändern sich nur in Ausnahmefällen z. B. witterungsbedingt.

Vom 19. Mai bis 26. Juli ist hier die Zeit der „weißen Nächte", in der die Sonne nicht untergeht.

Hammerfest war in seiner Geschichte immer wieder schweren Zerstörungen ausgesetzt. 1809 wurde die Stadt von Briten geplündert, 1890 zerstörte ein Feuer den Großteil der Stadt. Bereits ein Jahr später wurde die erste elektrische Straßenbeleuchtung Nordeuropas installiert. Bedauerlicherweise funktionierte sie nur wenige Minuten!

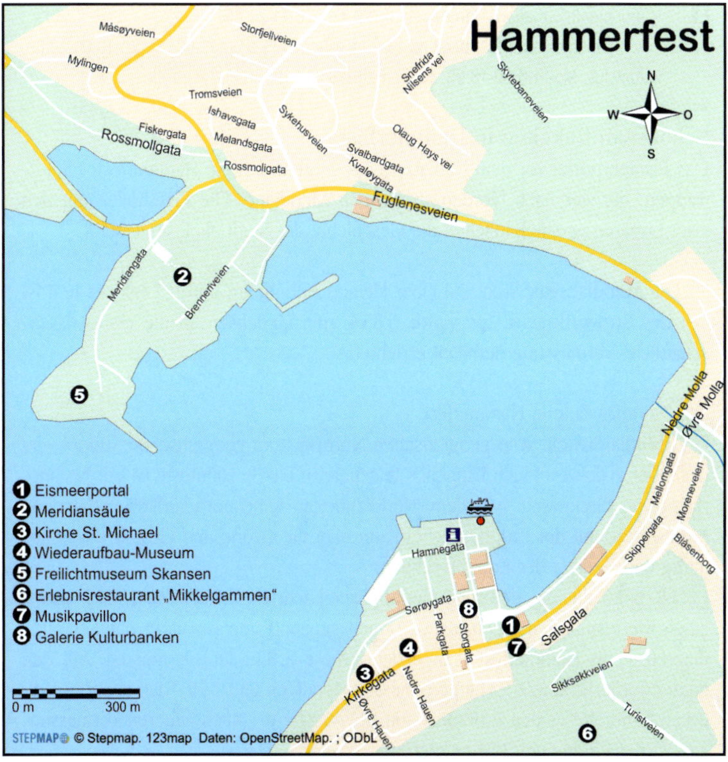

Im Zweiten Weltkrieg nutzte die Deutsche Kriegsmarine den Hafen von Hammerfest. Beim Abzug der Truppen wurde die Stadt nahezu völlig zerstört. Nur die hölzerne Grabkirche auf dem Friedhof blieb stehen.

Der Wiederaufbau bestimmte die Folgejahre. Hauptwirtschaftszweig war und ist die Fischerei. Auf der kleinen Insel Melkøya wurde die größte Erdgasverflüssigungsanlage Europas errichtet. Damit entstanden viele gut bezahlte Arbeitsplätze und die Immobilienpreise stiegen kräftig an. Ein weiterer wichtiger Wirtschaftsfaktor ist der Tourismus. In diesem Zusammenhang sollte der 230.000 Mitglieder zählende Eisbärenclub in der Nähe des Hurtigruten-Anlegers nicht unerwähnt bleiben. Jeder Besucher kann mit einem kleinen Beitrag Mitglied werden.

i Touristeninformation, Hamnegata 3, ☎ +47 78 41 21 85,
post@hammerfest-turist.no, Aug.-Mai: Mo-Fr 9:00-16:00, Sa/So 10:00-14:00, Juni/Juli: Mo-Fr 6:00-18:00, Sa/So 6:00-16:00

Sehenswürdigkeiten in Hammerfest:

Das **Eismeerportal** vor dem Rathaus zeigt, vereint mit dem Hammerfester Stadtwappen, die vier nach Norden strebenden Meridiane. Die Eisschollen mit den zwei Eisbären versinnbildlichen die Geschichte der Stadt als Eismeerstadt.

Die **Meridiansäule** steht auf einer kleinen Anhöhe im Vorort Fuglenes und ist Teil des Struve-Bogens. Sie wurde 1854 zum Gedenken an die erste wissenschaftliche Vermessung der Welt errichtet.

Die Meridiansäule in Hammerfest

Ein Meridian ist ein vom geografischen Nordpol zum geografischen Südpol verlaufender Halbkreis (auch Längenkreis genannt). Der bekannteste ist der Nullmeridian von Greenwich. Mit dem Meridianbogen (eine nord-südlich verlaufende Messstrecke auf der Erdoberfläche) kann man die Größe und Gestalt (Erdkrümmung und Radius) der Erde errechnen.

1816-55 hat der deutsche Geophysiker Friedrich G.V. Struve (1793-1864) einen Meridianbogen (auch Struve-Bogen genannt) von Ismail an der Schwarzmeerküste bis Hammerfest (Länge der Strecke 2.822 km) vermessen. Mit den dazu erforderlichen 265 Hauptvermessungspunkten und 259 Triangulationsdreiecken ermittelte er den Erdradius von 6.378.361 m. Nach neueren Vermessungen ist der Radius um 224 m kürzer.

Seit 2005 stehen, als Würdigung der wissenschaftlichen Leistung, 34 trigonometrische Punkte des Struve-Bogens auf der UNESCO Weltkulturerbeliste. Der nördlichste Punkt des Struve-Bogens wurde 1854 durch das Denkmal Meridiansäule markiert. Es befindet sich 3 km vom Anleger der Hurtigruten entfernt.

Die lutherische Kirche St. Michael ist ein modernes, auffälliges Gebäude mit Dreiecksform als Stilelement. Sie wurde 1961 von Freiwilligen erbaut. Architektonisch erinnert sie an die Traditionen der Stadt, die im arktischen Fischfang gründen.

Glasmosaike mit religiösen Motiven schmücken die Seitenwände und den Altar. Die Orgel über der Galerie wurde 2010 gebaut. Lediglich die in einer kleinen Seitenkapelle befindlichen sakralen Gegenstände sind alt und stammen aus früheren Gotteshäusern.

Auf der gegenüberliegenden Straßenseite befindet sich ein Friedhof mit **Grabkapelle**. Sie wurde zwar erst 1937 errichtet, ist aber trotzdem das älteste Gebäude der Stadt. Alle anderen Gebäude von Hammerfest wurden im 2. Weltkrieg zerstört.

Das **Wiederaufbau-Museum** für Finnmark und Nord-Troms informiert über die Zerstörung Hammerfests durch deutsche Truppen im letzten Winter des 2. Weltkriegs und über den entbehrungsreichen Wiederaufbau nach 1945. Es sind Nachbildungen von Höhlen zu sehen, in denen Flüchtlinge bis zum Kriegsende ausharrten.

Auch provisorische Behausungen und Notunterkünfte aus der Wiederaufbauphase werden gezeigt. Das Museum hat eine kleine Cafeteria.

♦ Kirkegate 21, ☏ +47 78 40 29 40, Mo-Fr 10:00-14:00, Sa+So 11:00-14:00, www.telemuseum.no

Am Ende der Halbinsel Fuglenesodden, einige Hundert Meter neben der Meridiansäule, liegt das **Freilichtmuseum Skansen** (lassen Sie sich nicht abschrekken, nebenan befindet sich ein wenig einladendes Gewerbegebiet). Hier sind die Verteidigungsanlagen in Richtung Meer zu sehen. Sie wurden 1809 während des Napoleonischen Krieges gebaut und 1989 restauriert. Zum Gelände gehören ein Bootshaus, ein Ölhaus, das als Paraffinlager für den Leuchtturm diente, und eine Baracke.

Gastro-Tipp: Das von den beiden Samen Mikkel und Solveig aus Kautokeino in der südlichen Finnmark geführte Erlebnisrestaurant „Mikkelgammen“ ist unbedingt einen Besuch wert. Neben traditionellem Essen gibt es viel über das Leben mit Rentieren zu erfahren.

♦ Salen, ☏ + 47 96 22 92 79, 💻 www.mikkelgammen.no, 🚪 20.6.-15.8. 11:00-14:00, 30.6.-20.7. 17:00-22:00

Die Skulptur „Mutter und Kind“ des **Springbrunnens am Rathausplatz** ist ein Geschenk von Charles Ulrick Bay, dem ehemaligen US-Botschafter in Norwegen. Er war unter der Präsidentschaft Trumans von 1946-1953 Botschafter und gedachte damit seiner in Hammerfest geborenen Mutter.

Der **Musikpavillon** ist ein Geschenk der Stadt Alta zur 200-Jahrfeier Hammerfests 1989. Er verkörpert ursprüngliche Architektur und heimische Handwerkskunst. Der von Künstlern der Galerie "Kulturbanken“ geschaffene Pavillon korrespondiert in Farbe und Form mit dem Eismeerportal vor dem Rathaus.

Direkt vor dem Musikpavillon steht die **Büste des Hammerfester Komponisten Ole Olsen** (1850-1927). Olsen, ein berühmter Komponist und Dirigent, studierte u. a. im Konservatorium in Leipzig.

Der in Hammerfest geborene **Ole Olsen** nannte sich selbst gern „nördlichster Komponist“ der Welt“. Seine anspruchsvollen, konzentrierten und kreativen Werke machten ihn zu einem der bedeutendsten Komponisten Norwegens. Durch Olsens Studium am Leipziger Konservatorium, waren seine Werke unüberhörbar von Wagner, Berlioz und Liszt beeinflusst.

Der klangfarbenreiche „Ritt von Asgaard“ („Asgaardsreien“) aus dem Jahr 1878 war Olsens erste sinfonische Dichtung und Ende des 19. Jahrhunderts auch in deutschen Konzertsälen ein großer Erfolg.

Der **Eisbärenclub** (Isbjørnklubben) befindet sich im selben Gebäude wie die Touristeninformation, also direkt am Hurtigrutenkai. Gegründet wurde er 1963 als „The Royal and Ancient Polar Bear Society“ von zwei einfallsreichen Geschäftsleuten, um die Geschichte Hammerfests als Jagd- und Handelszentrum bekannt zu machen. Mit einem einmaligen Mitgliedsbeitrag von NOK 180 kann man Mitglied auf Lebenszeit werden. Unabdingbare Voraussetzung allerdings ist, dass man seinen Aufnahmeantrag persönlich in den Clubräumen abgibt. Man erhält dann eine Mitgliedsurkunde, einen Aufkleber, eine vergoldete Anstecknadel, die mehrsprachige Vereinssatzung und, ganz wichtig, den Mitgliedsausweis, der auf Lebenszeit freien Eintritt ins Museum gewährt.

Stolz ist man auf die Mitgliedschaft zahlreicher Prominenter, z. B. Stephanie von Monaco oder die letzten norwegischen Könige Olav und Harald. Die inzwischen etwa 250.000 Mitglieder werden jedes Jahr zur Jahreshauptversammlung am dritten Sonntag im Januar eingeladen. Von ihnen kommen aber nur die wenigsten nach Hammerfest, was gewiss nicht nur an der Jahreszeit liegt!

In den Clubräumen befindet sich eine kleine Ausstellung, die die Geschichte und Traditionen der Stadt, wie den arktischen Fischfang, Expeditionen in die Arktis und zahlreiche arktische Tiere, zeigt.

♦ Hamnegata 3, ☏ + 47 78 41 31 00, 💻 www.isbjornklubben.no, 🚪 Aug.-Mai: Mo-Fr 9:00-16:00, Sa/So 10:00-14:00, Juni/Juli: Mo-Fr 6:00-18:00, Sa/So 6:00-16:00

Das **Energiehaus** ist ein kleines Erlebniscenter. Hier werden die verschiedenen natürlichen Ressourcen und deren Gewinnung (z. B. Wasser- und Windkraft) erläutert.

♦ Öffnungszeiten auf Anfrage über die Touristeninformation.

Die **Galerie Kulturbanken** bezaubert durch Licht und die starke Intensität der Farben. Das Ehepaar Eva und Knut Arnesen betreibt die kleine Galerie. Eva war Nobelkünstlerin des Jahres 1997, was eine große Ehre ist. Jedes Jahr werden drei norwegische Künstler gebeten, Entwürfe zu präsentieren, von denen der beste mit einem Preis ausgezeichnet wird.

♦ Sjøgata 15, ☏ +47 95 19 98 97, 💻 www.syvstjerna.no, 🚪 Mo-Mi, Fr 10:00-16:00, Do 10:00-17:00, Juni-Aug.: Sa 10:00-14:00

Honningsvåg

Über Havøysund erreicht das Schiff nach ca. fünf Stunden Honningsvåg, das Tor zum Nordkap.

Honningsvåg ist Teil der Gemeinde Nordkap, die insgesamt etwa 3.200 Einwohner hat, von denen drei Viertel hier lebt. Die kleine Stadt hat einen der größten Fischereihäfen Norwegens, angesiedelte Industrie und ein Ausbildungszentrum für Berufe der Fischereiwirtschaft. Wichtigste Einnahmequellen sind der Tourismus und die Fischerei.

Hafen von Honningsvåg

Sehenswürdigkeiten

Die **Kirche von Honningsvåg** (Honningsvåg kirke) ist ein Gotteshaus aus dem Jahr 1884 und das einzige Gebäude, das den 2. Weltkrieg überlebt hat.

Im **Nordkapmuseum** am Hurtigrutenanleger erfährt man auf wenig Raum viel über die Geschichte des Ortes, die Besetzung und Zerstörung im 2. Weltkrieg und den Fischfang

♦ Fiskeriveien 4, ☏ +47 78 47 72 00, 🚪 1.6.-15.8.: Mo-Sa 10:00-19:00, So 11:30-19:00, Jan.-Ende Mai: Mo-Fr 11:00-15:00

Gastro-Tipp: Direkt am Hafen befindet sich die **Artico Ice Bar**. Die Bar besteht aus echtem Polareis und wird jedes Jahr neu gestaltet. Die Besitzer bringen dann frische Eisblöcke nach Honningsvåg, um sie zu bearbeiten. Es ist beeindruckend zu erleben, was man mit Kreativität aus Eis gestalten kann. Auch Tische, Stühle und selbst die Gläser sind aus reinem Eis. Hier einen Drink zu nehmen, ist ein ganz besonderes Erlebnis.

Angeschlossen ist ein Souvenir-Shop.

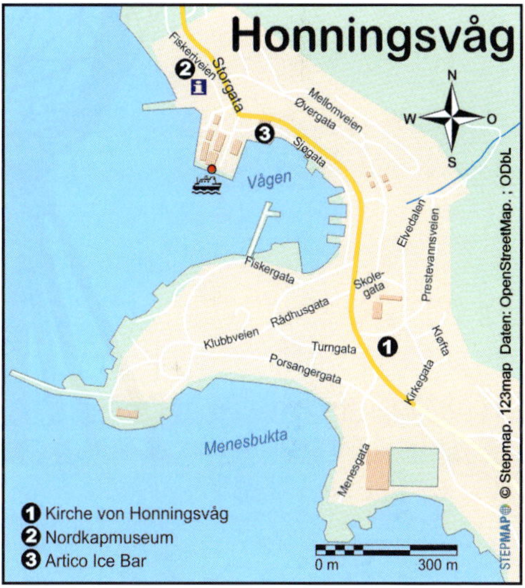

Honningsvåg wird nicht nur täglich von den Schiffen der Hurtigruten angelaufen, sondern jährlich auch von über 110 Kreuzfahrtschiffen. Ziel der Passagiere ist das knapp 40 km entfernte Nordkap. Für die immer größer werdenden Schiffe sind die Kais längst zu klein geworden. Sie müssen daher meist im Fjord ankern und die Passagiere mit Booten an Land bringen.

Somit ist der Ort für Reisende hauptsächlich als Ausgangspunkt für den optionalen Ausflug zum Nordkap von Bedeutung.

Auch Sie sollten auf jeden Fall den Ausflug zum Nordkap-Plateau unternehmen, um das unbeschreibliche Gefühl, am Ende der Welt zu sein, zu spüren.

Das Nordkap

Das Nordkap ist ein 300 m steil aus dem Meer aufragendes Hochplateau auf der norwegischen Insel Magerøya. Die Entfernung zum Nordpol beträgt 2.100 km und zum Polarkreis 514 km. Seit mehr als 300 Jahren haben sich Menschen auf den Weg zum nördlichsten Punkt Europas gemacht. Einst war dies eine beschwerliche Reise, doch viele Abenteurer, Gutbetuchte und Entdeckungsreisende nahmen sie auf sich. Doch genau wie das Kap der Guten Hoffnung nicht die südlichste Spitze Afrikas ist, so ist auch das Nordkap nicht wirklich der nördlichste Punkt

Nordkap

Europas. Es ist aber eine bei Touristen sehr beliebte Attraktion geworden. Besondere Bekanntheit erfuhr das Nordkap nicht zuletzt durch die Hurtigruten. Bis zu 200.000 Besucher werden jedes Jahr gezählt. Auf dem Hochplateau befindet sich ein Informationszentrum, die sogenannte „Nordkapelle“. Hier gibt es ein Restaurant, Souvenirläden und ein Postamt, das jedem Besucher ein Nordkapdiplom ausstellt. Das erste Postamt auf dem Nordkap wurde 1898 eröffnet.

Seit der Eröffnung des 6.875 m langen Nordkaptunnels zwischen der Insel Magerøya und dem Festland am 15. Juni 1999 durch König Harald ist man nicht mehr vom Fährverkehr abhängig.

Am Nordkap gibt es die Jahreszeiten der Extreme. Im Sommer ist für zehn Wochen die leuchtende Mitternachtssonne (14. Mai bis 29. Juli) zu sehen. Diese Zeit, wenn die Sonne vollständig über dem Horizont steht, ist ein unvergessliches Highlight für Sommerreisende. Andere Reisende dagegen sind vom Winter fasziniert. Dann geht die Sonne für zehn Wochen (22. November bis 22. Januar) nicht mehr auf; sie sinkt vollständig unter den Horizont. Mit etwas Glück können Sie in klaren Winternächten Nordlichter, das Lichtspiel der Arktis, sehen. Aurora Borealis macht den Himmel zum gigantischen Bildschirm, auf dem in etwa 100 km Entfernung elektrisch geladene Sonnenpartikel auf das Magnetfeld der Erde prallen. Sie erleben „magische" Momente, wenn sich die Polarnacht rötlichviolett, grün und gelbgrün verfärbt.

Tipp: Im nördlichsten Postamt der Welt bekommen Sie Brief- und Sammelmarken sowie das beliebte Nordkap-Zertifikat und automatisch den Nordkap-Stempel.

Vergessen Sie nicht, Ihre Post in einen der roten Briefkästen einzuwerfen, sie erhält dann in Honningsvåg selbstverständlich den Nordkap-Stempel.

Im riesigen Souvenirshop (North Cape Shopping) gibt es eine große, nicht ganz preiswerte Auswahl an Souvenirs und norwegische Andenken. Da der Shop an Norway Tax-Free Shopping" angeschlossen ist, können Sie sich die Mehrwertsteuer bei der Ausreise rückerstatten lassen

In der Aurora Borealis Bar können Sie mit einem Glas Nordkap-Sekt auf Ihren Besuch an der Nordspitze Europas, am 71 Grad nördlicher Breite, anstoßen.

Erfahrungsgemäß ist klares Wetter am Nordkap selten und auch die Temperaturen liegen oft im einstelligen Bereich. Selbst im Sommer kann es Schneestürme geben; daher unbedingt warm anziehen.

Kirkenes

Unterwegs von Honningsvåg nach Kirkenes: Kjøllefjord

Häfen: Båtsfjord, Vardø, Vadsø, Kirkenes

Kirkenes ist der letzte Hafen Richtung Norden und seit 1908 Wendepunkt der Hurtigruten-Schiffe. Hier legt täglich, und fast immer auch pünktlich, ein Schiff der nordgehenden Hurtigrute an. Für diesen Reiseführer ist es der Endpunkt der Reise, andere nutzen die dreistündige Verweildauer für eine Besichtigung des Ortes. Die Stadt mit den Koordinaten 69° nördlicher Breite und 30° östlicher Breite liegt so weit östlich wie Istanbul und Kairo. Bis zur Hauptstadt Oslo sind es 2.541 km. Im Winter müssen Eisbrecher den Hafen eisfrei halten, da er sich tief im Varangerfjord befindet und vom warmen Golfstrom nicht erreicht wird.

Kirkenes liegt im Osten der Provinz Finnmark auf einer Halbinsel zwischen dem Lang- und dem Bøkfjorden und hat erst seit dem 1.1.1998 Stadtrecht. Unter den knapp 3.300 Einwohnern (mit umliegenden Dörfern knapp 7.000) sind etwa 15 % Ausländer. Die russische Grenze ist nur 10 km von Kirkenes entfernt, die zu Finnland ca. 35 km. Die Straßenschilder sind dementsprechend dreisprachig: norwegisch, russisch und finnisch. Viele Einwohner sprechen auch samisch.

Sie können das kleine Städtchen gut zu Fuß erkunden. Vom Hafen sind es etwa 2 km (20 Min.) bis ins Zentrum.

Polarlicht bzw. Nordlicht

Polarlichter, auch Aurora Borealis genannt, sind atmosphärische Leuchterscheinungen am Himmel. Sie entstehen durch von der Sonne ausgeschleuderte elektrisch geladene Teilchen, die in den oberen Schichten der Erdatmosphäre auf schwere Ionen (Sauerstoff und Stickstoff) treffen und diese zum Leuchten bringen. Vom Magnetfeld der Erde werden sie zu den magnetischen Polen abgeleitet. Bei starken magnetischen Stürmen können sie auch in Richtung Äquator abgelenkt werden. Je höher die Sonnenfleckentätigkeit ist, desto größer sind die Polarlichter. In der Regel treten sie in einer Höhe von 100 km über der Erde auf.

In der Sagenwelt der Wikinger waren Polarlichter („Nordlys“) ein Zeichen für das Dasein von Walküren auf der Erde. Sie ritten nach einer siegreichen Schlacht über das Schlachtfeld und suchten die tapfersten Helden aus, die mit Odin speisen durften. Das Mondlicht erzeugte dabei auf ihren glänzenden Rüstungen das Nordlicht.

Kirkenes' ältester Name war höchstwahrscheinlich der samische Begriff „Akkolaggnjarga", der so viel wie „Eishailandzunge" bedeutet. Einst war die See vor der Landzunge ein ertragreiches Fanggebiet für Eishaie.

Vermutlich von ihrer ersten Kirche, die 1862 auf einer Landzunge errichtet wurde, erhielt Kirkenes („Kirchenhalbinsel" oder „Kirche auf der Landzunge") seinen heutigen Namen. Das war der schnellste Namenswechsel in der Geschichte der Region. 1902 interessierten sich erstmals Fremde für das Gestein der dunklen Felsen, das in gemahlenem Zustand als Material für den Straßen- und Brückenbau verwendet werden konnte. Vier Jahre später kamen die Fremden wieder und errichteten den Grubenbetrieb „Sydvaranger AS". Das war das jähe Ende der Beschaulichkeit des Ortes mit den wenigen Hütten. Ab 1906 wurde hier Eisenerz abgebaut. Zum Abtransport benötigte man einen Verschiffungshafen, der von der Firma Gruveselskapet A/S Sydvaranger errichtet wurde. Der Hafen brachte Wachstum und Menschen nach Kirkenes. Die Zerstörungen des 1. Weltkrieges erforderten immer mehr Eisenerz aus den Minen um den Ort und so wurde Kirkenes zu einer wohlhabenden Gemeinde. Inspiriert durch die russischen Nachbarn wurden Gebäude mit zwiebelförmigen Kuppeln gebaut und allerorts war ein multikultureller Sprachenmix zu hören.

Im 2. Weltkrieg musste Kirkenes für seine Nähe zur Sowjetunion teuer bezahlen. Im ca. 150 km entfernten Murmansk war der einzige eisfreie Hafen im europäischen Teil der Sowjetunion. Da er noch nicht von deutschen Truppen besetzt war, transportierten die Alliierten Kriegsmaterial und Lebensmittel für die Rote Armee über Murmansk ins Land und nach Moskau. Somit geriet das nahe gelegene Kirkenes in den Fokus der deutschen Wehrmacht, die ab Juni 1941 ca. 30.000 Soldaten hier stationierte. Auch deutsche Seestreitkräfte bekamen in Kirkenes einen Stützpunkt. Es entbrannte ein erbarmungsloser Krieg und die ständigen Bombardements versetzten die Stadt in Angst und Schrecken. Die Bevölkerung flüchtete in die Andersgrotte während Tausende Soldaten auf beiden Seiten ihr Leben ließen. Im Winter erfroren unzählige von ihnen bei Temperaturen von 30-40° unter Null. In der „Operation Silberfuchs" sollte das „Gebirgskorps Norwegen" die Stadt Murmansk einnehmen und die alliierte Versorgung kappen, was jedoch scheiterte. Tag und Nacht bombardierten sowjetische Flugzeuge die Stadt und machten sie zur am meisten bombardierten Stadt Norwegens. Nach enormen Verlusten gelang es der Roten Armee, die deutschen Truppen zum Rückzug zu zwingen. Im Oktober 1944 befreiten sie schließlich Kirkenes. Hier fanden sie nur noch verbrannte Erde vor - ganze 20 Häuser waren stehen geblieben. Den harten Winter 1944/45 musste die Bevölkerung in den Ruinen ihrer Häuser verbringen.

Dank des Marshall-Plans wurde die Stadt nach dem 2. Weltkrieg schlicht und funktionell wieder aufgebaut. Auch nach diesem Krieg war der Bedarf an Eisenerz wieder hoch und die Stadt erlebte ihr goldenes Zeitalter. Bis zu 3 Millionen Tonnen Eisenerz wurden jährlich abgebaut. Ein Krankenhaus, ein Flughafen und ein großes Hallenbad konnten gebaut werden. Kirkenes bekam als einer der ersten Orte der Finnmark asphaltierte Straßen.

Infolge der Rezession in den 80er-Jahren verloren viele Bergleute ihre Arbeit. Die Belegschaft der Sydvaranger AS sank von 1.200 auf 300 Mann. Noch bis 1996 lebten hier die meisten Menschen vom Eisenerzabbau, dann wurde die große, offene Grube in Bjørnevatn, 10 km von Kirkenes, wegen Unwirtschaftlichkeit stillgelegt.

Inzwischen haben der Dienstleistungssektor, Schiffreparaturen, Fischfang und der Tourismus an wirtschaftlicher Bedeutung stark zugenommen.

Allmählich entwickelt sich Kirkenes zu einem Treffpunkt zwischen Ost und West. Reiseunternehmen organisieren Fahrten zu den östlichen Nachbarn und es gibt einen Linienbus zwischen Kirkenes und Murmansk. Nicht zu übersehen sind auch die russischen Händler, die in der Fußgängerzone ihre Waren feilbieten. Bei den Einheimischen steht besonders der billige Wodka hoch im Kurs!

Flughafen von Kirkenes

Für Touristen gibt es viele Möglichkeiten, die Umgebung aktiv zu erkunden: z. B. Exkursion zu den Königskrabben, Safaris mit dem Schneemobil, Quadsafaris, Übernachten im Schneehotel, Eisfischen, Husky- bzw. Hundeschlittenfahrten, Flussbootfahrten, Wander- und Angeltouren.

Ausflug mit dem Schneemobil © Thomas Herr

Sehenswürdigkeiten:

Andersgrotta

Das Museum in einem alten Luftschutzraum aus dem Jahr 1941 wurde der Bevölkerung 1990 wieder zugänglich gemacht. Kirkenes erlebte während des 2. Weltkrieges mehr als 1.000-mal Fliegeralarm, 326-mal wurde die Stadt tatsächlich angegriffen. Zum Schutz der Zivilbevölkerung wurde ein ehemaliger Bergbaustollen ausgesprengt und nach dem Ingenieur Anders Elvebakk genannt.

Noch einmal fanden die Menschen hier nach der Zwangsevakuierung Schutz, dieses Mal vor den Deutschen.

In der Andersgrotta gibt es im Sommer 3x täglich eine 9-minütige Filmvorführung über die Angriffe auf Kirkenes (in norwegisch, englisch und deutsch). Archivmaterial und neuere Aufnahmen runden die Eindrücke ab.

Savio-Museum (Savio museet)

Das 1994 im Gebäude der ehemaligen Bibliothek von Kirkenes eröffnete Museum stellt hauptsächlich Werke des samischen Künstlers John Savio aus. Er lebte viele Jahre seines kurzen Lebens in der Gemeinde Sør-Varanger. Bekannt wurde er vor allem mit Holzschnitten, Drucken und Aquarellen.

John Andreas Savio (28.1.1902-13.4.1938) war der erste bekannte norwegische Künstler mit samischen Wurzeln. Zwar bemühte er sich, auch ein bekannter Maler zu werden, aber seine größten Erfolge hatte er als Grafiker und mit Holzschnitten. Er war Autodidakt ohne spezielle künstlerische Ausbildung. Dreijährig verlor er seine Eltern auf tragische Weise kurz nacheinander. Zuerst verstarb seine Mutter an Tuberkulose und auf dem Weg, einen Sarg für seine Frau zu beschaffen, ertrank auch noch der Vater. So kam Savio zu den Großeltern mütterlicherseits. Als Savio 10 Jahre alt war, starb auch seine Großmutter und so musste er bereits zeitig lernen, auf eigenen Füßen zu stehen. Da sein Großvater für seine Zeit recht wohlhabend war, schickte er ihn nach Vardo, um ihm dort eine gute Erziehung und Ausbildung zu ermöglichen. Nach der Schulzeit ging Savio nach Oslo, musste aber die Ausbildung schon im ersten Winter abbrechen, da er schwer an Tuberkulose erkrankte. Nach dem Entfernen einer Lunge verbrachte er mehrere Monate im Krankenhaus; er erholte sich nie mehr vollständig. Nach dem Tod seines Großvaters war nur noch wenig Geld übrig. Da er bereits auf dem Gymnasium ein versierter Zeichner war und schon früh Künstler werden wollte, nutzte er sein kleines Erbe zum Selbststudium. Er bereiste Finnmark, West- und Nordnorwegen und es entstanden viele Drucke, Ölbilder und Aquarelle. Zeit seines Lebens hatte er nur wenige Ausstellungen, eine davon aber immerhin in Paris. Ein wesentlicher Teil seines künstlerischen Schaffens waren Holzschnitte und Skulpturen. Zum einen sind diese Bestandteil des religiösen samischen Kunsthandwerks, zum anderen war Savio ein glühender Bewunderer Edvard Munchs, der in den 1920er-Jahren mehrere Ausstellungen von Holzschnitten in Oslo hatte. Zudem waren Holzschnitte wegen ihrer Vervielfältigungsmöglichkeiten ein finanzieller Rettungsanker für Savio.

Im Frühjahr 1938 erkrankte er erneut an Tuberkulose und verstarb am 13. April 36-jährig, einsam und verarmt im Ullevål Hospital in Oslo, wo er auch beerdigt wurde.

Zwar erlangte er niemals Weltruhm, aber seine Bedeutung für die samische Kultur und deren ethnischen Stolz ist unumstritten. Generationen von Saami-Künstlern wurden durch ihn inspiriert.

Grenzlandmuseum – Sør-Varanger-Museum (Grenselandmuseet)

Im selben Gebäude wie das Savio-Museum ist das Grenzlandmuseum untergebracht. Die Ausstellung präsentiert die ereignisreiche Lokalgeschichte der Stadt und des Grenzlandes. Viel Interessantes gibt es über die Entwicklung der Gemeinschaftsprovinz von Norwegen, Russland und Finnland zur Grenzkommune zu erfahren.

Einen großen Teil des Museums nimmt der 2. Weltkrieg im Grenzland zu Russland ein. Während dieser Zeit war die Festung von Kirkenes zentraler Stützpunkt der deutschen Wehrmacht und somit im Fadenkreuz alliierter Bombardements. Die Ausstellung zeigt u. a. eine „Iljuschin", ein russisches Kampfflugzeug.

Die Ausstellung zur Industriegeschichte zeigt die Bedeutung des Bergbaus für die Entwicklung der Region. Mit dem Erztagebau wandelte sich die Struktur von traditioneller Selbstversorgung zu einer auf industrieller Produktion basierenden Wirtschaft.

Im Espolinsaal sind Zeichnungen und Drucke von Kaare Espolin Johnson (1907-1994), einem großen Vertreter der norwegischen Kunst, ausgestellt.

Kaare Espolin Johnson (1907–1994) war ein bekannter Maler und Buchillustrator. Zweijährig kam er nach Vadsø und verbrachte dort seine Kindheit und frühe Jugend. Im Alter von 14 Jahren zog die Familie nach Bodø; sein Künstlerleben verbrachte er in Oslo. Lange Zeit war sein Schaffen von den Eindrücken des harten Lebens in Nordnorwegen geprägt. Die Lofoten waren rau und ungastlich und für ihre Bewohner alles andere als ein Ferienparadies. Dennoch zeichnete er ihre dunklen, zerfurchten Gesichter liebevoll mit viel Wärme und Sympathie. Er setze sie in einfacher, strenger Komposition und in Kontrast zu kompromisslosem Sturm, Gewitter und den dunklen Bergen der Lofoten.

Die Ostfinnmark zeichnete er hingegen hell und verträumt, in leichten Linien, mit den Trachten der Samen und russischen Zwiebeltürmen. Er lebte sich nur schwer in Bodø ein. Wehmut und Sehnsucht lagen in seiner Erinnerung an die Ostfinnmark.

Schon sehr früh wurde Johnson auf einem Auge blind und bekam später auf dem anderen grauen Star. Da er nur noch wenige Farben sehen konnte, konzentrierte er sich umso mehr auf Komposition und Linien.

Mit der Zeit entwickelte er eine ganz eigene, seiner Sehstörung angepasste Technik. Inspiriert wurde er während eines Stromausfalls. Bei Kerzenschein nahm Johnson die weichen, braunen Linien wahr, die die Flammen an der verrußten Kante angebrannten Papiers hinterlassen hatten. Später experimentierte er mit schwarz-weißen Linien und vervollständigte seine Bilder mit Öl- oder Wasserfarben.

1932 erhielt er seinen ersten Auftrag zur Gestaltung eines Schiffes der Hurtigrute, weitere folgten.

Sehenswert sind auch die Fotografien der engagierten Gesellschaftskritikerin und Arztgattin Ellisif Rannveig Wessel (1866-1949).

Im Grenzlandmuseum gibt es ein kleines Café und einen Museumsshop mit einer großen Auswahl an Souvenirs. Die Bibliothek kann nur nach Absprache besucht werden.

♦ Grenzlandmuseum, Førstevannslia, ☏ +47 78 99 48 80, FAX +47 78 99 48 90, www.varangermuseum.no/de/sor-varanger/, glm@varangermuseum.no, Mitte Juni - Mitte August tägl. 10:00-18:00 sonst tägl. 10:00-14:00

Schneehotel Kirkenes

Für einen erlebnisreichen Aufenthalt sorgt das 2006 eröffnete Schneehotel. Schnee ist ein ausgezeichneter Isolator, selbst bei -30 °C draußen bleibt es im Inneren bei konstanten -4 °C. Jedes der 20 Zimmer des Hotels hat einen Durchmesser von 5 m und ist doch ganz individuell zu je einem anderen Thema ausgestattet. Keine Angst, hier muss keiner auf kalten, harten Eisblöcken schlafen. Die Betten sind mit Wärme dämmenden, bequemen Matratzen und einem Schlafsack für – 35 °C ausgestattet. Beleuchtete Eisskulpturen schaffen eine einzigartige Atmosphäre. Die wunderschönen eisigen Kunstwerke mit viel Liebe zum Detail stammen aus einer Eisbildhauerei im chinesischen Harbin. Für die Eisbar und die Skulpturen wurden mehr als 15 Tonnen Eis bearbeitet. Sie stammen aus einem zugefrorenen See in der Nähe, wurden mit Kettensägen zerteilt und mit Motorschlitten zum Schneehotel transportiert. In der größten Eisbar Norwegens sollten Sie unbedingt „Rudolphs Rache", einen eiskalten Drink aus Krähenbeeren probieren und ein auf offenem Feuer gegrilltes Würstchen im Restaurant essen. Später können Sie draußen die Rentiere füttern und die Huskystation besuchen.

♦ Schneehotel Kirkenes, Bjørnevatn, Sandnesdalen 14, ☏ +47 78 97 05 40, FAX +47 78 97 05 41, www.kirkenessnowhotel.com, info@kirkenessnowhotel.com

Russischer Markt

Außer im Juli findet am letzten Donnerstag des Monats auf dem Marktplatz von Kirkenes von ca. 8:00-16:00 der Russische Markt statt.

Russendenkmal (Russemonumentet)

Etwas abseits, ca. 5 Minuten vom Marktplatz entfernt, liegt das monumentale Denkmal des siegreichen russischen Soldaten, das sogenannte „Russendenkmal"; Es ist ein Ehrenmal für die Rote Armee, die die Region im Herbst 1944 nach vier Jahren deutscher Besatzung befreit hat.

Prestefjellet

Eine wunderschöne Aussicht auf Kirkenes und den Bøkfjord hat man vom Prestefjellet. Vom Zentrum gelangen Sie zu Fuß in ca. 15 Minuten zum Aussichtspunkt. Der Weg ist ausgeschildert.

Øvre Pasvikdalen-Nationalparkcenter

Etwa 20 km von Kirkenes befindet sich der Nationalpark Øvre Pasvikdalen. Der Wald ist ein Ausläufer der Taiga in Sibirien, dem größten zusammenhängenden Waldgebiet der Erde. Hier finden Naturfreunde eine einzigartige Fauna und Flora in einem der größten noch erhaltenen Urwälder Norwegens. Der größte Braunbärenbestand des Landes mit ca. 20 Tieren ist hier, im Grenzgebiet zwischen östlicher und westlicher Vegetation, zu Hause. Manchmal kommen auch Wölfe auf Streifzug zu Besuch. Viel eher kann man aber Elche und Rentiere sehen. Aus dem Osten eingewandert sind Königskrabben, russischer Lachs und Bisamratten.

An der Stelle, an der die drei Ländergrenzen Norwegens, Russlands und Finnlands zusammentreffen, befindet sich der „Dreiländerstein“ (Treriksrøysa).

Shoppingtipp: Im AMFI-Einkaufszentrum von Kirkenes gibt's von Bekleidung über Sportsausrüstung bis zur Apotheke alles unter einem Dach und für jeden Geschmack.

♦ Strogata 2, 9900 Kirkenes, ☏ +47-78 99 62 30, Mo-Fr. 9:00-19:00, Sa 10:00-16:00

Anzeige auf dem Schiff

Literatur und Internetlinks

Schneebedeckte Berge entlang der Hurtigrute

- ▷ „*Fettnäpfchenführer Norwegen*: Im Slalom durch den Sittenparcours des hohen Nordens" von Julia Fellinger, Conbook Medien, 2014
- ▷ „*Kauderwelsch Norwegisch - Wort für Wort*: Kauderwelsch-Sprachführer" von O'Niel V. Som, Reise Know-How, 2013
- ▷ „*Gebrauchsanweisung für Norwegen*" von Ebba D. Drolshagen, Piper, 2012
- ▷ „GEO Special 04/2013 – Norwegen" von Christoph Kucklick, Gruner + Jahr, 2013
- ▷ „*Mittsommersehnsucht: Ein Norwegenroman*" von Elfie Ligensa, Ullstein, 2012
- ▷ „*Im Land der weiten Fjorde*: Norwegenroman" von Christine Kabus, Bastei Lübbe, 2014
- ▷ „*Norwegen - Faszination zwischen Polarlicht und Mitternachtssonne*" von Matthias Hanke und Reinhard Pantke, Hanke, 2012
- ▷ "*FJORD*: Thriller" von Halvar Beck, CreateSpace Independent Publishing Platform, 2013
- ▷ „*Der nordische Märchen- und Sagenschatz*" von Erich Ackermann (Herausgeber), Anaconda Verlag, 2014
- ▷ „*Norwegisch kochen: Gerichte und ihre Geschichte*" von Susanne Schöer und Alexander Pöche, Die Werkstatt, 2010
- ▷ „*Oh, dieses Norweger*" von Ulrike Kathrin Peters und Karsten-Thilo Raab, Conrad Stein Verlag, 2011
- ▷ „*Oh, dieses Norwegisch!*" von Martin Schmidt, Conrad Stein Verlag, 2014
- ▷ „*Tischaufsteller 365 Tage Hurtigruten*: Ein Dauerkalender der schönsten Seereise der Welt" von Axel M. Mosler (Autor) und Ralf Schröder (Autor), Bruckmann, 2013
- ▷ „*Hurtigruten*" von Kai-Uwe Küchler, Verlagshaus Würzburg – Stürtz, 2009
- ▷ „*Traumreise Hurtigruten*" von Axel M. Mosler und Ralf Schröder, Bruckmann Verlag GmbH, 2012
- ▷ „*Showdown am Nordkap: Eine Hurtigruten-Affäre*" von W. G. A. Knobloch, tredition, 2014
- ▷ „*Hurtigruten: Eine Reise in Luftbildern*" von Antonia Meiners, Nicolaische Verlagsbuchhandlung, 2014

- ▷ 💻 www.norwegenservice.net (sehr schöne Seite mit allem, was Sie über Norwegen wissen wollen)
- ▷ 💻 www.hurtigruten.com (Homepage der Hurtigruten)
- ▷ 💻 www.norwegenservice.net/land-und-kultur/kultur-lebensart (norwegische Feste und Lebensart)
- ▷ 💻 www.norwayprotravel.de/norwegen/mehr-ueber-norwegen/praktische-hinweise-norwegen (Reiseangebote und viele praktische Tipps)
- ▷ 💻 www.visitbergen.com/de/Touristikgewerbe/Article-traveltrade/Broschuren/ (Broschüre des Fremdenverkehrsvereins Bergen mit nützlichen Informationen und Wissenswertem über die Stadt; auch zum Herunterladen)
- ▷ 💻 www.schiffsreisen-navigator.de (Reiseagentur mit aktuellen Hurtigrutenangeboten)
- ▷ 💻 www.fener-reisen.de/sonderreisen/hurtigruten.htm (umfangreiches Norwegen- und Hurtigrutenprogramm)
- ▷ 💻 www.hurtigwiki.de/startseite (viele Informationen rund um die Hurtigrutenreise)
- ▷ 💻 www.hurtigwiki.de/ausfluege (alle Ausflüge im Detail)
- ▷ 💻 www.norwegen.no (Norwegen – die offizielle Seite in Deutschland)
- ▷ 💻 www.norwegenstube.de (Informationen für den Norwegenurlaub)
- ▷ 💻 ww.visitnorway.com/de (Norwegen - offizielle Reiseinfos)

HURTIGRUTEN
AV-PÅSTIGNING
FLYBUSS B
RUTEBUSS
TURBUSS
LEIEBIL
KLEINER SPRACHFÜHRER
Hinweisschild

Norwegisches ABC

A B C D E F G H I J K L M N O P Q R S T U V W X Y Z Æ Ø Å

Aussprache im Norwegischen

Vokale

Ø, ø	ähnlich wie deutsches ö
Å, å	ähnlich wie deutsches o in Wonne
Æ, æ	ähnlich wie deutsches ä
O, o	bei langem Vokal ähnlich wie deutsches u
I, i	wie in fliegen
U, u	(oft) ähnlich wie deutsches ü
Y, y	wie ein ü mit spitzen Lippen

Konsonanten

s	häufig mit einem leichten Einschlag in sch
v	immer wie w

Die meisten Konsonanten werden wie im Deutschen ausgesprochen, nur das R wird etwas mehr „gerollt".

Buchstabenkombinationen

eg	meist wie zwei getrennte Laute ä-i
gi	wie ji
gj	wie j
hv	wie w
ki, kj, ky	(weich) wie ch in China
ks	wie x
kv	wie qu
ld, nd, rd	das d bleibt stumm
sj, skj	wie sch
sky	wie schü
tj	meist wie ch in Gewicht

Nützliche Wörter

Ja	Ja
Nein	Nei

Danke	Takk
Vielen Dank	Tusen takk
Bitte sehr	Vær så god
Bitte	Vær så snill
Entschuldigen Sie mich	Unnskyld meg
Hallo	Hallo
Auf Wiedersehen.	Ha det.
Ich verstehe nicht	Jeg forstår ikke
Wo ist …?	Hvor er ...?
Wieviel kostet die Fahrkarte?	Hvor mye koster billetten?
Eine Fahrkarte nach ..., bitte.	En billett til ..., takk.
Zug	Tog
Bus	Buss
U-Bahn	T-bane
Flughafen	Flyplass
Bahnhof	Jernbanestasjon
Busbahnhof	Busstasjon
Wie viel kostet das?	Hvor mye koster dette?
Was ist das?	Hva er dette?
Ich würde …gerne kaufen.	Jeg vil …gjerne kjøpe.
Haben Sie …	Har du...
Akzeptieren Sie Kreditkarten?	Tar dere kredittkort?
Fremdenverkehrsbüro	Turistinformasjon
Polizeirevier	Politistasjon
Krankenhaus	Sykehus
Geschäft	Butikk
eins	en
zwei	to
drei	tre
vier	fire
fünf	fem
sechs	seks

sieben	sju
acht	åtte
neun	ni
zehn	ti
Tag	Dag
Woche	Uke
Monat	Måned
Jahr	År
heute	I dag
gestern	I går
morgen	I morgen
Montag	mandag
Dienstag	tirsdag
Mittwoch	onsdag
Donnerstag	torsdag
Freitag	fredag
Samstag	lørdag
Sonntag	søndag

Buchtipps aus dem

Faszination Kreuzfahrt

Horst Radtke
OutdoorHandbuch
Cruise
216 Seiten ▸ 34 farbige Abbildungen

ISBN 978-3-86686-708-6

>> **Welcome Aboard**: *„Einen unterhaltsamen Einblick in die „Faszination Kreuzfahrt" gewinnen Leser des gleichnamigen Taschenbuches von Horst Radtke. Er berichtet mit viel Begeisterung von seinen Erlebnissen auf dem Schiff und an Land*

Kreuzfahrttipps
nicht nur für Anfänger

Marita Oppermann
OutdoorHandbuch *Cruise*
141 Seiten ▸ 32 farbige Abbildungen

ISBN 978-3-86686-238-8

>> *Dieses Handbuch soll zeigen, dass Kreuzfahren heute kein unbezahlbarer Luxus mehr sein muss und es längst nic mehr so gezwungen zugeht, wie uns einige Fernsehberichte oder Serien glauben machen wollen."*

Wetter

Michael Hodgson & Meno Schrader
OutdoorHandbuch Band 13
Basiswissen für draußen
96 Seiten ▸ 36 farbige Abbildungen
21 farbige Illustrationen

ISBN 978-3-86686-013-1

>> **Nordis:** *„... jeder kann lernen, wie man mit und ohne Instrumente zu einem echten Wetterfrosch wird. Ein handliches Büchlein für unterwegs."*

Index
Impressionen einer herrlichen schneebedeckten Landschaft

A

B

C

D

U

V

W

Z